Schuld sind immer die anderen!

Für R. S., der –
trotz erlittener Menschenrechtsverletzungen –
nie seinen Lebensmut,
seine Fröhlichkeit und seine Herzenshöflichkeit
verloren hat!

Astrid v. Friesen

Schuld sind immer die anderen!

Die Nachwehen des Feminismus: frustrierte Frauen und schweigende Männer

Ellert & Richter Verlag

Inhalt

Was ich lebendig nenne?
Das Schwierigste nicht scheuen,
das Bild von sich selbst ändern.

Christa Wolf

Die privilegierteste Frauengeneration der Geschichte

Es ging ihnen noch nie so gut wie heute, den Frauen in Deutschland. Sie haben so viel erreicht wie noch keine Generation vor ihnen: individuelle Freiheiten, die Möglichkeiten der Empfängnisverhütung, höhere Schulbildung, eine extreme Steigerung an Wertschätzung und Würde, die Möglichkeit der völlig freien Lebensgestaltung sowie ökonomische Unabhängigkeit. Viele Rollenklischees wurden zerstört, in Frage gestellt, gesellschaftliche Offenheit erzeugt. Und sie könnten noch viel mehr haben. Schließlich sind Frauen in der Mehrheit – und könnten damit jede Wende herbeiführen, die sie wollen. Doch statt etwas zu tun, verstecken sie sich in der Opferrolle und quengeln wie verwöhnte Prinzessinnen.

„Es gibt kein Beispiel in der Historie für eine Gruppe, die es wagt, sich als ‚versklavt' zu definieren und gleichzeitig zwischen 52 und 54 Prozent der Wahlberechtigten stellt in formal wie substanziell funktionierenden Demokratien", stellt denn auch der Soziologe Paul-Hermann Gruner in seinem 2000 erschienenen Buch „Frauen und Kinder zuerst. Denkblockade Feminismus" fest. Dieser Zustand hält nun (in der Bundesrepublik zumindest) bereits seit mehr als einem halben Jahrhundert an – mit steigender Tendenz, weil die männlichen Wähler viele Jahre früher sterben. Heute sind 32,2 der 61,9 Millionen Wahlberechtigten Frauen, also 52 Prozent! Sie könnten, wenn sie wollten, seit über 50 Jahren ausschließlich Frauen wählen! Aber das tun sie nicht! Warum eigentlich?

Angela Merkel hat zwar die Spitze unseres Staates erklommen. Doch sie hat gerade bei Frauen ein Imageproblem: „Es ist nun mal leider so, und da müssen die Frauen sich an die eigene Nase fassen, dass weibliche Politiker anders bewertet werden als männliche: härter, skeptischer, äußerlicher ... Frauen sind für mehr Frauenmacht, klar. Aber dann passt ihnen doch Merkels Frisur nicht oder ihre Nase oder ihr Ton, wünschen sie sich mehr Persönlichkeit, mehr Erotik, mehr Statur. Und, machen wir uns nichts vor: Wenn es hart auf hart kommt, wenn Terroristen zuschlagen oder Bush mal wieder in den Krieg zieht, ist weibliche Empathie nicht mehr gefragt", so schreibt die Süddeutsche Zeitung am 28.1.2005. Deswegen die Absurdität, dass CDU-ferne Frauen meinten, Merkel wählen zu müssen, weil sie schließlich eine Frau ist (was ihr wiederum peinlich zu sein schien). Frauenbewegte Frauen wollten ihr aus politischen Gründen keine Stimme geben, weil Merkel kein nennenswertes Frauenförderprogramm vorlegte und zu Frauenfragen nie dezidiert Stellung genommen hatte, wieder andere Frauen wünschten sich doch lieber einen Mann an der Spitze ...

Frauen unter 40 Jahren in den Industrienationen, also auch deutsche Frauen, gehören zu der privilegiertesten Frauengeneration in der Geschichte und in unserer westlichen Welt. Allein der Vergleich zu den Generationen um 1900, um 1950 oder zu Frauen in Afrika und Asien heute legt dies nahe! Es fing für sie bereits prä- und postnatal ziemlich gut an: Ihre Mütter mussten nicht mehr unzählige und unfreiwillige Schwangerschaften über sich ergehen lassen. Besonders die Mütter im Westen und Nur-Hausfrauen hatten relativ viel Zeit für ihre Kinder und förderten sie nach allen Regeln der pädagogischen Kunst. Sie genossen eine gute Schulbildung, Mädchen machten im Durchschnitt einen besseren Abschluss als Jungen und konnten unter Hunderten von interessanten Berufen wählen. Kurz: Ihnen stehen alle Türen offen, um ihr Leben selbstbestimmt zu führen.

Denn die Frauen dieser Generation partizipieren, egal ob es ihnen bewusst ist oder nicht, an den Errungenschaften der Frauenbewegung, die wir Älteren mit Demonstrationen, dem öffentlichen Bekenntnis, abgetrieben zu haben, und mit jahrelangen hitzigen Diskussionen vorangetrieben haben. Sie nehmen das alles als ziemlich selbstverständlich hin und werfen verächtlich den zehn bis 20 Jahre älteren Feministinnen häufig auch noch Verbohrtheit vor. Denn sie reflektieren nicht, dass die heute 50- bis 75-Jährigen hart, oft bis zur eigenen Verbitterung, kämpfen mussten für das, was für die Jüngeren heute selbstverständlich geworden ist. Als die Jüngeren dann im Erwachsenenalter waren, konnten sie, ohne gravierende sexuelle und moralische Hemmungen, durch die Erfindung der Pille im Jahr 1960 forciert, ihre Partner frei wählen, sich frei wieder trennen, ohne dass die Welt und die eigenen Eltern zusammenbrachen, und sich lustvoll einen neuen Partner suchen! Wunderbar, diese Wahlmöglichkeiten! Nie zuvor hatte es das für Frauen in diesem Umfang gegeben!

Doch dann passierte irgendetwas, und aus energiegeladenen, optimistischen Studentinnen und berufstätigen jungen Frauen sind erstaunlich oft missmutige, nörgelnde Wesen geworden, die mit sich unzufrieden sind, mit den Männern, ohne die Männer, mit Kindern, ohne Kinder, die oftmals überhaupt nicht wissen, was sie wollen und was ihrem Leben Sinn geben könnte. Doch weil das nur schwer auszuhalten ist und der alte Reflex der Schuldzuweisung an die Männer sich offensichtlich „vererbt" hat, wird denen dieses Dilemma nun in die Schuhe geschoben. Und diese wiederum, trainiert durch ihre Mütter im Aufnehmen von Schuldgefühlen, im Schweigen und Dulden sowie mit einem ausgeprägten „Selbstaufopferungstrieb" ausgestattet, ducken sich weg und grummeln nur leise. Oder schweigen anhaltend – oftmals in passiver Aggression!

Dies führt dazu, dass Beziehungen immer unbefriedigender gelebt, Trennungen immer rascher vollzogen, Scheidungskämpfe um die Kinder immer aggressiver geführt werden und gerade viele der reflektionsfähigen, gebildeten jungen Menschen gar keine Kinder mehr bekommen möchten (32,7 Prozent der Akademikerinnen und sogar 35,6 Prozent der Akademiker). Obgleich in den Medien auf den engen

Zusammenhang zwischen wirtschaftlich desolaten Zeiten und hohen Trennungsraten hingewiesen wird, sind es bei näherem Hinsehen wohl doch eher die Schädigungen durch die Scheidungskämpfe ihrer Eltern, die den heute 30- bis 40-Jährigen die Vorbilder raubten und die Hoffnungen nahmen, dass Beziehungen doch gelingen könnten. Bei jungen Männern kommt die reale Angst hinzu, dass Frauen nach dem Scheitern der Beziehung mit den gemeinsamen Kindern auf und davon gehen, sie nur noch zu zahlen, aber wenig zu sagen und kaum Kontakt zu den geliebten Kindern haben werden, da deutsche Gerichte sehr viel häufiger Partei für die Mütter ergreifen.

Mein 20 Jahre lang durch Dutzende von gelesenen Büchern parteiisch geschulter, höchst einseitiger Blick auf die Belange von Frauen und die Schlechtigkeit der Männer hat sich im Laufe meines Lebens – mit zunehmender Erfahrung als Therapeutin und einer wachsenden Realistik – zu einem kritischen und selbstkritischen Blick auf uns Frauen verändert. Auch erfahre ich immer wieder, wie unproduktiv diese weibliche Opferhaltung ist, denn sie vernebelt die Realität, provoziert eine emotionale Erstarrung und bleibt oftmals in einer unreifen Trotz- und Nörgelhaltung stecken – ohne etwas zu verändern.

Doch muss sich meine Generation auch immer wieder selbstkritisch fragen, warum sich Beziehungen so negativ entwickelt haben und was die Frauenbewegung damit zu tun hat. Wie war es vorher? Wie könnten zukünftige Beziehungsutopien aussehen?

Sechs Thesen

1. These: Die Frauen sind selber schuld, dass eine Gleichberechtigung noch weit ist!

Die öffentliche Meinung schwankt zwischen zwei Glaubenssätzen: Die Männer lassen die Frauen nicht an die Macht, beziehungsweise: die Frauen wollen ja gar nicht! Fakt ist: Wir sind noch weit davon entfernt, dass Frauen den gleichen Lohn für gleiche Arbeit erhalten! Auch eine Ausgewogenheit der Geschlechter in der Wirtschaft, im öffentlichen Leben, in der Politik wurde noch nicht erreicht. Trotz einer Bundeskanzlerin Angela Merkel sind von den 601 Abgeordneten im Deutschen Bundestag nur 197 weiblich, also 32,8 Prozent. Dies auch nur dank der Quotenregelung, die die Grünen 1986 einführten. SPD und CDU hinkten anschließend notgedrungen hinterher, bei der FDP ist es bis heute bei frommen Appellen geblieben. Warum? Die bösen Männer einerseits, na klar! Doch warum wählt die weibliche Übermacht des Wahlvolks ständig Männer und lässt politisch aktive Frauen vielfach im Regen stehen? Warum beispielsweise finden sich so selten Lehrerinnen, die bereit sind, den Knochenjob einer Schuldirektorin anzunehmen?

2. These: Das emotionale Matriarchat tut niemandem gut! Vaterlosigkeit ist vielfach die Folge eines falsch verstandenen Feminismus.

2,2 Millionen Kinder in Deutschland wachsen bereits in Ein-Eltern-, 80 Prozent davon in Eine-Mutter-Mini-Rest-Familien auf. Dies verringert den Grad an Neurotizismus keineswegs!

Der Mangel an präsenten, liebevollen Vätern zieht sich als Thema durch das gesamte 20. Jahrhundert, einschließlich der Dramen der beiden Weltkriege und der Verunglimpfung der Männer durch die Frauenbewegung, mit oftmals verheerenden Folgen! In den pädagogischen Einrichtungen setzt sich das emotionale Matriarchat fort: 96 Prozent der Erzieher und annähernd 75 Prozent der Grundschullehrer sind weiblich.

3. These: Frauen können zwischen Opfer- und Täter(innen)-Rolle nicht unterscheiden.

Ein Gefühlswirrwarr ist entstanden! Junge Frauen fordern die Gleichberechtigung in den Paarbeziehungen und Ehen, doch oft können sie nicht zwischen ihrer angeblichen Opferrolle und ihren Täteranteilen unterscheiden. Sie ziehen aus ihrer vermeintlich schwächeren Position Profit und weigern sich zu sehen, dass ihre Männer keineswegs in der Machtposition sind, sondern wie sie selbst abhängig vom Job, vom Chef und vom Arbeitsmarkt. Auch wenn die Mächtigen dieser Welt meist noch Männer sind – sie werden oftmals von Frauen gewählt, hofiert und unterstützt.

Und junge Männer schweigen, dulden, sind nicht zu fassen, wirken leer und driften per Internet in andere Realitäten!

4. These: Die so genannte sexuelle Befreiung hat die sexuellen Beziehungen kaputt und den Sex käuflich gemacht!

Die extremste Entwicklung des 20. Jahrhunderts war wohl die der sexuellen Revolution. Der Zusammenhang zwischen Geschlechtsakt und Zeugung schützte die Ehe, die Jungfräulichkeit war ein Markenzeichen und die Voraussetzung dafür, den richtigen Mann „abzubekommen". Nach der Erfindung der Antibabypille 1960 und der schrittweisen Befreiung der Frauen von der männlichen Dominanz in Sachen Sexualität, rauschte die Sexwelle durch Illustrierte, Filme und Werbung. Sex wurde und ist das Lockmittel per se, egal ob für Automarken oder Deos. Die Befreiung von Verklemmtheit und der Angst vor einer ungewollten Schwangerschaft auf der einen Seite, zunehmende Beziehungskrisen und Partnerprobleme,

Pornografie und Päderastie auf der anderen! Denn die Liberalisierung macht auch Angst, erhöht den Druck auf junge Menschen ins Unermessliche, ständig schön, sexuell aktiv, allzeit bereit zu sein!

5. These: Jeder trägt Verantwortung für das eigene Glück!

Zum Erwachsensein gehört die Verantwortung für die eigene gute Laune ebenso wie für die eigenen Lebensentscheidungen. Jüngere Männer sollten über eine neue Definition von positiver Männlichkeit und positiver, absolut notwendiger Väterlichkeit nachdenken und ihr eigenes Tun und Handeln vehement, offen und kommunikativ vertreten!

Jüngere Frauen sollten aus der vermeintlichen Opfer- und Prinzessinnenrolle heraustreten, aktiv anerkennen, dass Männer unter genauso vielen Zwängen des Berufes, der Herkunft, ihrer Persönlichkeit leiden wie sie selbst und dankbar sein für die unglaublich vielen Wahlmöglichkeiten ihres Lebens, die die Männer in diesem Ausmaß keineswegs haben!

6. These: Liebe ist das „Lernmodell für Mitmenschlichkeit".

Jeder Mensch hat Sehnsucht nach einem Partner in dieser unwirtlichen Welt. Auch die meisten Singles. Das Paar ist die Grundform menschlicher Existenz. Wir brauchen einander, um eine „ganze Gestalt" zu werden! Unsere Humanität beweist sich in dieser Grundform der Gesellschaft, jenseits von Vorwurfshaltungen und Genörgel, von Familienghettos und Egozentrik. Und doch leiden die heutigen Liebesbeziehungen noch immer unter den massiven Veränderungen der vergangenen 50 Jahre, die die individuellen Horizonte zwar erweiterten, jedoch in ihrer Radikalität ebenso verunsicherten.

Das betrifft insbesondere die Demokratisierung in den menschlichen Beziehungen, die Reduzierung auf die Klein-

und Kleinstfamilien, die Gleichberechtigung in den Partner-
schaften – und nicht zuletzt die verlängerte Lebenszeit der
Menschen, die Paare heute mit ganz neuen Problemen kon-
frontiert.

Das alles sind „moderne" Herausforderungen, die jedoch
nicht im Gegeneinander, sondern nur im Miteinander gelöst
werden können. Das Ziel könnte eine neue „Geschwisterlichkeit" und damit eine humanere Welt sein!

Ein Blick zurück in vorfeministische und feministische Zeiten: Sehnsüchte, Utopien! Einige persönliche Erinnerungen

Geisteswissenschaften in den 1970er Jahren zu studieren hieß: Die Welt neu zu erfinden! Als ich 1972 in Hamburg damit begann, schloss ich mich sehr bald, obwohl schüchtern und ängstlich, der feministischen Bewegung an. In einer liebevollen Familie mit drei Schwestern aufgewachsen, sind wir bis heute stolz auf unseren Vater, der der emanzipierteste Mann weit und breit war: Er war ein liebevoller und aktiver Babyvater gewesen, der von Nachbarn beschimpft wurde, weil er freiwillig den Kinderwagen schob! Er war es auch, der als Trendsetter bei den Geburtsanzeigen den Namen unserer Mutter seinem eigenen Namen voranstellte! Ein absolutes Novum! Für ihn gab es keine Unterschiede zwischen den Geschlechtern!

In Hamburg nahm ich dann an unzähligen Demonstrationen zum Paragrafen 218 teil, war in einer Frauengruppe, diskutierte Tag und Nacht – junge Frauen können sich heute bestimmt nicht mehr vorstellen, wie extrem heiß es damals zuging – mit meinen Wohngemeinschaftsgenossen und Kommilitonen über das Problem, ob es sexuelle Gewalt in der Ehe überhaupt gäbe! Das verneinten die Männer damals, weil sie ja ein Recht auf ehelichen Beischlaf hatten! Außerdem nahm ich 1976 an der ersten deutschen Frauenuniversität in Berlin teil. Typisch für die Zeit damals, wenn auch etwas radikal, war unser Referatsthema: „Prostitution als Speerspitze der feministischen Bewegung". Wir vertraten die heute abenteuerlich und bizarr anmutende These, dass Lesben, weil sie Männer ablehnen, und Prostituierte, weil sie Männer ausnehmen, die Avantgarde der Frauenbewegung bildeten. Ein anderes oft diskutiertes Thema war: „Reproduktionsarbeit der Frau und mitmenschliche Beziehungen", zu Deutsch: In jeder Liebesbeziehung oder Ehe würden und müssten Frauen sich prostituieren!

1972 las ich das feministische Standardwerk von Simone de Beauvoir, ihr explosives Buch – über 700 Seiten! – über die Frauen- und damit auch die Männergeschichte und die Geschichte unserer Sexualität: „Das andere Geschlecht. Sitte und Sexus der Frau." Unter dem berühmten Credo: „Man wird nicht als Frau geboren, man wird dazu gemacht", beschrieb de Beauvoir die jahrhundertealten Positionen und Schicksale der Frau in ihrer „Relativität" dem Mann gegenüber, der die Deutungshoheit innehatte, das heißt er definierte, dass der Mensch männlich sei und die Frau ein „relatives Wesen". Simone de Beauvoir forderte unsere Befreiung und ihr Ziel war die Wiedervereinigung einer in eine männliche und eine weibliche Sphäre aufgeteilten Welt, die Utopie einer „Geschwisterlichkeit" der Geschlechter.

Simone de Beauvoir wurde für viele Frauen in der ganzen Welt zu einem Mythos, einer Heroin der Selbstbestimmung und der freien Liebe. 1908 in Paris geboren, aus einer bürgerlichen Welt stammend, war sie eine der ersten Absolventinnen der berühmten Eliteschule „Ecole Normale" und zog in die Welt: unabhängig, hoch gebildet, abenteuerlustig. Sie gehörte damit zur ersten weiblichen Geisteselite des 20. Jahrhunderts. Sie beschrieb genau, wie Haushalt und Kinder – unter den gegebenen Umständen – Frauen immer wieder unter das Joch der Männer zwingen, weswegen sie beides für sich ablehnte. Und doch genoss sie ihre Weiblichkeit, ihre Liebschaften zu Frauen und Männern: „Die Frau kann nur dann ein vollständiges Individuum sein, wenn auch sie ein geschlechtlicher Mensch ist. Auf Weiblichkeit verzichten hieße, auf einen Teil ihrer Menschlichkeit zu verzichten." Sie wollte sich nicht aufspalten lassen in einen Kopf oder Körper, sie wollte Subjekt und Objekt gleichermaßen sein, aktiv handelnd, sich selbst definierend.

Auch ihr lebenslanger „Pakt" mit dem Philosophen und Schriftsteller Jean-Paul Sartre, der bis zu dessen Tod währte und auf absoluter Offenheit und Vorrang dieser Beziehung basierte, aber zahlreiche Liebhaber und Liebhaberinnen auf beiden Seiten einschloss, wurde für unsere Generation zu einem verherrlichten Vorbild. Darin eingeschlossen ihr Leben in Hotels, ihr Schreiben in den durch sie berühmt gewordenen Pariser Cafés, ihre wochenlangen einsamen und euphorischen Wanderungen durch Südfrankreich, die Radikalität ihres Denkens und politischen Engagements. Völlig neue Situationen für Frauen, noch nie gedacht, noch nie erfahren. Man stelle sich vor: „Sitte und Sexus der Frau" galt als Gift, wurde in meiner Familie verpönt, galt als Verführung. Was es auch war. Eine Verführung, allein zu reisen (das gab es vorher quasi nicht), die weibliche Situation zu verändern oder auch Kinder und die Ehe grundsätzlich in Frage zu stellen. Will ich das wirklich? Inwieweit begrenzt es mich? Die Pille machte es möglich, die Abtreibungsfrage wurde auch deswegen hitzig in Westeuropa und -deutschland diskutiert. In Ostdeutschland waren Abtreibungen lange zuvor erlaubt worden.

Mit meinem Studium begann eine unglaublich aufregende, harte Zeit, nämlich die der unendlichen Diskussionen über das Männer-Frauen-Thema. Es hat uns liberale, linke, aufmüpfige junge Frauen vollständig beherrscht, quasi Tag und Nacht. 15 Jahre lang las ich nahezu ausschließlich Frauenliteratur! Alice Schwarzers „Der kleine Unterschied" erschien 1975 und schlug ein wie eine Bombe. Es ging um die Frage, was Hausarbeit und Unterbezahlung im Beruf mit der sexuellen Misere der Frau zu tun hätten, wie sich die Unterdrückung der Frauen in der Sexualität spiegelte, was es auf sich hat mit Unterwerfung, Schuldgefühlen und Männerfixierung. Warum Mädchen kein Taschengeld, eine schlechtere Ausbildung, als Ehefrauen keinen Lohn und keine Altersabsicherung bekämen, im Job für die gleiche Arbeit sehr viel schlechter entlohnt würden und typische Frauenberufe ergreifen müssten. Wie Männer die Sexualität von Frauen nicht nur dominierten und nach eigenem Gutdünken ihr eheliches „Recht" einforderten, sondern das Leben ihrer Frauen auch definierten – ebenso wie das der Töchter. Eine Ahnung von der Situation bekommen wir heute, auch von ihrer Brisanz und der Vehemenz der Streitigkeiten und Unversöhnlichkeit, wenn wir uns die Probleme junger türkischer Frauen in Deutschland anschauen, die versuchen, aus ihrem männerdominierten Umfeld auszubrechen.

Und doch wurde sofort auch Kritik von weiblicher Seite laut: „Das Bild der Heterosexualität ist von einer trostlosen Öde und Brutalität. Ihre [so wie Alice Schwarzer es zeichnet] Konsequenz ist jedoch regressiv und letztlich repressiv, da sie den Frauen nicht dazu verhilft, eine autonome Sexualität, die auch ein lustvoll erlebtes Eindringen des Phallus umfasst, zu entwickeln. Bei einer solchen Ideologie besteht der Verdacht, dass hier eine Identifikation mit der Aggressorin, der frühen Mutter, stattgefunden hat. Die verbietende Mutter hätte damit ihr Ziel erreicht. Die Frau entfernt sich vom eigenen Körper", schrieb die Psychoanalytikerin Marina Moeller-Gambaroff 1977 in ihrem Aufsatz „Emanzipation macht Angst". Und sie ergänzte: „Das Ausmaß des Männerhasses ist somit proportional der eigenen Hilflosigkeit und dem daraus entstehenden Hass auf die Mutter und die Angst vor dieser." Damit sprach sie das hochbrisante Thema der Mutter-Tochter-Problematik an, das die Frauen bis heute beschäftigt und einen riesigen Psycho-Boom auslöste.

Weitere Titel mit durchschlagender Kraft waren:

1963 von Betty Friedan: „Der Weiblichkeitswahn oder die Selbstbefreiung der Frau.

Ein Emanzipationskonzept"
1965 von Oriana Fallaci: „Das unnütze Geschlecht"
1970 von Germaine Greer: „Der weibliche Eunuch: Aufruf zur Befreiung der Frau"
1985 von Dale Spender: „Frauen kommen nicht vor: Sexismus im Bildungswesen"
1986 von Karin Gaube: „Magie, Matriarchat und Marienkult"
1975 erschien Elena Belottis Standardwerk im pädagogischen Bereich: „Was geschieht mit kleinen Mädchen? Über die zwanghafte Herausbildung der weiblichen Rolle in den ersten Lebensjahren durch die Gesellschaft". Ihre These: Schon vorgeburtlich fange die Diskriminierung an, wenn es im Volksmund heißt: Schwangere werden schöner, wenn sie einen männlichen Embryo in sich tragen, und ihnen ist in den ersten Monaten besonders übel, wenn es ein Mädchen wird. Oder: Frühere Theologen „hatten darauf bestanden, dass genau 89 Tage nach der Befruchtung ein männlicher Fötus eine Seele bekommt, während das Mädchen noch mindestens 39 Tage länger darauf warten muss".

Belotti öffnete uns für tausend alltägliche Situationen die Augen, in denen Mädchen diskriminiert wurden. Natürlich erkannten wir uns alle darin wieder, denn mit dieser ständigen Bevorzugung der Jungen waren wir aufgewachsen: Beim Abwasch zu Hause, bei der Aufmerksamkeit durch die Mütter, die Jungen sehr viel länger stillten, und durch die Väter, die sich mehr um sie kümmerten: Söhne durften lesen, die Töchter mussten putzen, Söhne durften aufs Gymnasium, für die Töchter langte die Mittelschule.

Eine Tante weinte jedes Mal tagelang, wenn in der Verwandtschaft ein Sohn geboren wurde, da sie keinen bekommen hatte. Und Sätze wie „Meine Frau ist nicht imstande, mir einen Sohn zu schenken", waren Standard, natürlich ohne zu berücksichtigen, dass die Väter für das Geschlecht der Kinder „verantwortlich" sind.

Ich selbst habe drei Schwestern, und wie eine traumatische Melodie zieht sich durch meine Biografie der Satz: „Oh Gott, deine armen Eltern mit vier Töchtern!" Man stelle sich vor: Ihnen wurde regelrecht kondoliert zu dem traurigen Umstand, dass ich auf der Welt bin – so wie ich bin!

Und dann die vielen Mädchen, die von ihren Müttern derart links liegen gelassen wurden, wenn ein kleiner Bruder nachfolgte, dass man/frau dies nur massiven, frühkindlich deformierenden Sexismus beziehungsweise psychische Gewalt nennen kann. In manchen Fällen hatte und hat es Vernichtungsqualität. Und das keineswegs nur in Familien, in denen die Mütter selbst unter diesen extremen Formen des Sexismus litten.

In den heißen Phasen unserer Emanzipation betrachteten wir die Männer in der Tat als unsere natürlichen Feinde! Vergewaltigung, Gewalt in den Familien wurden erst damals zu öffentlichen Themen. Es war ein langer, harter Kampf, in den Medien überhaupt Gehör zu finden, auch aus diesem Grund musste „EMMA" gegründet werden: Um Themen überhaupt zu platzieren! Frauen unserer Generation zerrten Ungeheuerlichkeiten an die Öffentlichkeit. So auch in den 70er Jahren der große Coup des „stern", als Hunderte von prominenten Frauen öffentlich bekannten, dass sie abgetrieben hätten. Egal ob es stimmte oder nicht, sie bezichtigten sich, obwohl auf Abtreibung damals noch Gefängnisstrafe stand! Eine Abtreibung hätte für Frauen in Westdeutschland bedeutet: Eine heimliche Fahrt nach Holland, hohe Hotelkosten, fremde Ärzte, Einsamkeit, Illegalität. Ganz zu schweigen von der grauenhaften Vorstellung, die eigenen Eltern hätten möglicherweise davon erfahren. Eine emotionale Höllenfahrt!

Zum revolutionären Moment der Zeit gehörte es, dass Privates öffentlich gemacht wurde, alles verzahnte sich: die Abtreibungsfrage mit der Gesellschaftskritik, die Diskussion um die Sauberkeitserziehung der Kinder mit der Kapitalismus- und Faschismuskritik. Psychologie, Pädagogik, Gesellschaftspolitik waren Themen nicht nur in den Feuilletons, sondern in nahezu jeder Familie, innerhalb aller Altersstufen. Damals haben sich Familien gespalten, erbitterte Kämpfe zogen oft jahrzehntelange, wenn nicht lebenslange Trennungen der Generationen nach sich.

Und dann die ersten Frauenhäuser, einerseits Fluchtstätten aus der männlichen Brutalität und Dominanz. Andererseits Kaderschmieden für die harten Ideologinnen! Natürlich arbeiteten dort am engagiertesten die Frauen, die Ähnliches erlitten hatten. Die sich in das Dilemma einfühlen konnten. Doch heute würden wir sagen: Etliche dieser helfenden und beratenden Frauen setzten sich einer ständigen, wenn nicht sogar täglichen Retraumatisierung aus und waren derart identifiziert und involviert, dass sie für jeden anderen Job prädestiniert gewesen wären, nur nicht gerade für diese Tätigkeit. Es fand eine therapeutische Vermischung statt, die oftmals weder für die Helferinnen noch für die Klientinnen gesund oder fruchtbringend sein konnte! Und die Opfermentalität zementierte!

Das alles wurde natürlich beredet, etwa in der ersten „Frauenkneipe" Hamburgs, deren Existenz wir vehement gegen das Gespött der Männer verteidigten. Aber in normale Kneipen hätten sich viele von uns gar nicht allein hineingetraut; das tat frau nicht, höchstens mit einer Freundin, aber dann auch nur unter den gnadenlosen Blicken nicht nur der Männer, sondern stärker noch der Frauen, die gerade an diesem Abend mit einem Mann unterwegs waren! Die Männer hatten alle Kneipen Hamburgs zur Verfügung, aber plötzlich fühlten sie sich ausgeschlossen. Eine wirklich komische und groteske Wahrnehmung, als hätten sie nicht zu allen Zeiten ihre ausgesprochen männlichen Rückzugsorte gehabt. Vom Fußballverein über die (englischen) Clubs bis hin zu berufsorientierten Zirkeln, in die bis dato noch keine Frau gelangt war: die Rotarier, die Logen, all die oberen Chefetagen, wo Seilschaften geknüpft, Kontakte geschlossen und Karrieren geplant (und verhindert) wurden. Aber nein, die „Frauenkneipe" stand für weiblichen Eigensinn und wurde auch so verstanden, gefürchtet und belächelt.

Bevor frau beispielsweise in den „Blocksberg", das Berliner Pendant, eintreten durfte, wurde sie auf ihre „biologische Verfassungstreue" überprüft, wie der „Spiegel" 1977 spottete. Auch dort wieder Tabus, denn ohne (lila) Latzhose, schmutzig-gräulichem Schlabberpullover (als ob in jeder WG alles mit der auslaufenden braunen Überdecke von Tante Ilse zusammen gewaschen würde) und Palästinensertuch konnte frau nicht vor den strengen Augen der anderen bestehen. Nirgends war die Intoleranz größer als auf Frauenfesten! Mit meiner eher gemäßigt-konservativen Kleidung war ich „out", erst die Allzweckjeans hat mich gerettet. Eine so genannte Freundin formulierte den unvergesslichen Satz: „Deine Röcke stehen zwischen uns!" Dabei war sie selbst spießig, verklemmt und autoritätshörig – aber sie trug Latzhosen.

Die Männer wurden immer bunter, die Frauen immer schmuddeliger. Das Bedürfnis nach Schönheit wurde vehement verdrängt, wehe einer Schwester, die den Mut gehabt hätte, sich sexy zu kleiden. Sie wäre gesteinigt worden!

Und dann der Rückzug von Teilen der Frauenbewegung aus der Gesellschaft hin zur alles beherrschenden Gefühligkeit und Intuition. In manchen Frauengruppen wurde es immer esoterischer und irrationaler, ideologischer und beklemmender, auch überheblich: Ich fühle, also bin ich und habe recht! Alle deutsche Spießigkeit und Enge wurde einfach mitgeschleppt in die Sisterhood-Grüppchen mit strengster Kleiderordnung, Sittenkodex (in/out) und säuerlicher Ideologie. Hinzu kam „die starre Fixierung und die Beschwörung der Verschmelzung mit der mythischen großen Mutter", wie Marlis Gerhardt 1977 im kritischen Soziologendeutsch der damaligen Zeit die Hingabe an die Natur beschrieb. Viele Frauen hatten derartige Wunschvorstellungen, suchten sie in der Natur bei Mondschein und projizierten ihre Sehnsüchte auf die Natur, wie es nicht selten in gesellschaftlichen Umbruchsituationen geschieht. Derart wurden oftmals „die irrationalen Bewegungen von der Sackgasse idealistischer Naturphilosophie bis hin zu Blut- und Bodenmythen konstant begleitet". Hinzu kam, wie Gerhardt weiter schrieb, „die Angst vor ‚genitalem Ernst‘ und vor dem ‚Schatten eines Mannes‘", sprich vor erwachsener Sexualität. Diese Furcht wurde kompensiert „durch die Verschmelzung mit der prä-ödipalen, das Bild des angstmachenden Vaters ausschließen-den Mutter." Das heißt, von Bildern und Idealvorstellungen der nie endenden Symbiose mit der mächtigen Übermutter und der Verneinung der Wichtigkeit des Vaters und der väter-lichen Welt. Geschieht dies, können diese Menschen Ambi-valenzen nicht ertragen und neigen dazu, die Welt rigide in gute und böse Aspekte einzuteilen: „Natur gegen Zivilisation, Intuition gegen Abstraktion, Handarbeit gegen Technik, kos-mische Zustände gegen Geschichte." Was immer beinhalte-te: Alles Weibliche ist gut, alles Männliche ist schlecht!

Rückenstärkung unter Gleichgesinnten suchten wir in Selbsterfahrungs- und Selbstfindungsgruppen jeglicher Cou-leur. Öffentlich über Gefühle zu sprechen, das waren Tabu-brüche – kaum zu ertragen. Heute ist das nicht mehr nach-vollziehbar, in einer Zeit, in der in täglichen Talkrunden die Gefühle bloßgelegt werden.

Ich war zunächst ebenfalls in einer dieser Gruppen: Nicht die zur Selbstuntersuchung mit Spekulum und Spiegel, nein, wirklich nicht, sondern in einer der zahlreichen Psychogrup-pen. Heute können wir uns bei dem ewigen Gequassel über Gefühlsdinge gar nicht mehr vorstellen, wie groß die Hem-mungen waren und wie völlig chaotisch die Gruppentreffen abliefen. Wir hatten nämlich den Anspruch, immer alles rauszulassen. Um jeden Preis! Gefühle zu unterdrücken ist schädlich, Gefühle müssen raus! Egal wann, wo, gegen wen und zu wessen Schaden! Wenn ein Kind Spinat spuckte, wurde es quasi als selbstbestimmt bejubelt. Alles war erlaubt, Hauptsache Gefühl! Meine Güte, wie viel Porzellan ist damals zerschlagen worden! Denn im Sprechen über Gefühlsdinge befanden wir uns auf der Stufe von wilden Kindern, unzivilisiert und rechthaberisch. Ich fühle, also bin ich! Die Moral konnten wir jedoch nicht heraushalten, denn wir unterschieden streng nach richtigen und falschen Gefühlen! Klar, die richtigen hatten wir Frauen. Wehe dem Mann, der sich getraute, anderes zu fühlen!

Doch die meisten gingen anschließend nach Hause und versuchten mit dem Liebsten zusammenzuleben. Wir hatten ja ganz normale emotionale Bedürfnisse nach Geborgenheit, Zuwendung und Sexualität. Wie haben wir das bloß geschafft, sozusagen tagsüber und öffentlich alle Männer abzulehnen und zu Hause mit ihnen zu leben? Wir suchten Liebe, aber waren überzeugt von dem Credo „Der Feind liegt in unserem Bett"! Also begannen wir, auch dort zu diskutieren, heiß, unerbittlich, nicht selten verbittert.

Männer verbrachten wiederum Jahre mit Diskussionen und vergeudeten ihre und unsere Energien, indem sie uns weismachen wollten, dass Staubsaugen unmännlich sei! Es ging nämlich um den Kampf, dass die Männer das Putzen, Kochen und Windelwechseln zu 50 Prozent übernehmen. Es war hart! Und das Feindbild Mann eine wirre, hochkomplexe Verknotung aus Realität und Fiktion, aus Sehnsucht und Verblendung, Nähesuche und Distanz, Aggression und Hinwendung! Auch wurde, wie auf der individuellen Ebene nach Scheidungen, oft vergessen, dass just der verteufelte Mann ehemals der geliebte, bewunderte oder sogar einer anderen Frau ausgespannte Mann war. Und jeder Außenstehende hätte auch geschworen, dass der sich keineswegs drastisch verändert habe! Nur die eigene Wahrnehmung ... Und es war auch die Zeit der antiautoritären „Kinderläden", Horte der puren Anarchie. Das pädagogische Prinzip hieß „Freiheit total"! Wir gingen davon aus, dass die spießige, autoritäre und repressive Kleinbürgerfamilie den Faschismus hervorgebracht hatte, ebenso wie die unterdrückende Sauberkeitserziehung und einengende Sexualität mit ewiger Treue und heimlichen Perversionen zum Sadismus beitragen würde. Es ging um die Revolutionierung der Gesellschaft, die Überwindung von „autoritären Charakterstrukturen" und ihre Befreiung davon.

Unsere Sehnsucht war: Eine tolerante Gesellschaft ohne Unterschiede zwischen den Geschlechtern mit in völliger Freiheit aufgewachsenen Kindern, die dieses Ideal natürlicherweise weitertrügen – ohne Neid, Missgunst und Konkurrenz bei selbstbestimmter Arbeit, geteiltem Einkommen, Rücksicht auf die Natur und völliger Integration aller Randgruppen! Diese Sehnsucht beflügelte uns. Doch wir verweilten lange, zu lange auf der Ebene von Pubertierenden, die ja tatsächlich besonders sensibel auf die Ungerechtigkeiten der Welt reagieren, die noch Utopien haben und mit den Älteren hart, unlogisch und kompromisslos ins Gericht ziehen.

Es lag etwas Heroisches in dem verzweifelten Bemühen, es nach dem Grauen des Holocaust nie wieder zu einer den Faschismus ermöglichenden Erziehung kommen zu lassen! Abscheu und Angst, eine unendliche, würgende Scham vor den Taten der Eltern steckte ebenfalls darin. Die Eltern hatten sich nie Zeit genommen zu trauern, zu trauern um sechs Millionen ermordete Juden und die Millionen Gefallenen. Sie bauten Deutschland wieder auf, zumindest im Westen in Rekordgeschwindigkeit! Auch die Kinder nahmen sich keine Zeit zum Trauern, zur Klärung von Schuld und Verstrickung, sondern verfielen in einen unglaublichen Aktionismus.

Die 60er Jahre waren im Westen geprägt vom Vietnam-Krieg und von den weltweiten Protesten dagegen. In vielen Hauptstädten brannte es, es gab Straßenkämpfe, Verhaftungen von jungen Leuten, von Studenten und immer militanter werdende Unterstützergruppen für die Inhaftierten. Und dann gab es die Rote-Armee-Fraktion, die RAF, die Gruppe um und nach Ulrike Meinhof, Andreas Baader und Gudrun Ensslin. Es war ein langer Weg von der Protestbewegung in die Illegalität mit Morden und Attentaten. Und dem dramatischen Tiefpunkt im Herbst 1977, als der Arbeitgeberpräsident Hanns Martin Schleyer entführt und ermordet und eine Lufthansamaschine ebenfalls entführt wurde, die erst nach nervenzehrenden Tagen und durch ein Militärkommando befreit werden konnte.

Im Westen waren die 70er und 80er Jahre auch die unglaublich fetten Jahre. Alles wuchs und gedieh, selbst das kleinste Dorf bekam ein neues Spritzenhaus und ein Schwimmbad. Es lag Größenwahnsinn in der Luft. Mahner mit gesundem Menschenverstand, die darauf hinwiesen, dass Schwimmbäder ja auch dauerhaft unterhalten werden müssten, wurden belächelt. Die Westdeutschen wurden Weltmeister im Reisen, Konsumieren und Protzen – und sie wurden immer egozentrischer. Die farblich passenden Toilettenfenstergardinen zu den Fußbodenfliesen gehörten zum Pflichtprogramm!

Es war ein Boom des Konsums. Das Geld stand im Mittelpunkt, nicht die Bildung, nicht die menschlichen Werte. In diesen Jahrzehnten huldigte man einer Erziehung ohne Traditionsbewusstsein, ohne Kontinuitäten. Der vorwiegende Erziehungsstil war gekennzeichnet von Kurzatmigkeit, schneller Befriedigung aller Wünsche, Maß- und Grenzenlosigkeit, durch die Banalität, Seichtigkeit und Inhaltslosigkeit der Medien.

Für mich persönlich ist es nicht mehr nachvollziehbar, warum wir jungen Pädagogikstudenten der 70er Jahre so völlig überzogen! Natürlich gab es Reste faschistischen Denkens und Erziehens in vielen Familien und viel verheimlichte Gewalt, aber warum mussten wir derart pauschal verurteilen? Als seien alle Eltern diesem Denken verhaftet! Als sei jegliche Disziplin, ja sogar Pünktlichkeit ausschließlich das Ergebnis einer autoritären, unmenschlichen Erziehung? Immer mit dem sofort angeführten Ausspruch „Die Züge nach Auschwitz sind auch pünktlich gefahren" – dies diskreditierte Pünktlichkeit bis in alle Ewigkeit.

Warum war es uns derart verwehrt, genau und differenziert hinzuschauen? Gesamtgesellschaftlich kann ich es erklären, im eigenen Erleben aber nicht! Die meisten Familien boten – verglichen mit der Situation heute – positive Zustände: Es gab eine gewisse Strenge, gute Konsequenz und keine Gewalt. Draußen gab es noch Freiräume zum Spielen (wir spielten mehrere Sommer lang mit 20 Kindern zwischen acht und 15 Jahren Olympiade, fantastisch!) und es gab keine Medienverseuchung (unser erster Fernseher wurde 1970 angeschafft, nur die Tochter vom Busfahrer hatte schon einen, wo wir heimlich die Samstagnachmittagssendungen sahen).

Bezogen auf die Frauenfragen lebten wir in den 70er Jahren in starken Spannungen. Eigentlich mussten wir uns in eine öffentliche und eine private Person spalten. Etliche der berühmten Feministinnen haben es verheimlicht, dass sie keineswegs lesbisch waren, sondern nachts zum Feind überliefen. Zumal wir in Westdeutschland ja noch von nichtberufstätigen Müttern zu einer romantischen Liebesheirat in Weiß erzogen worden waren, denen die Vorstellung, dass ihre Töchter nicht mehr Jungfrauen seien, schlaflose Nächte bereiteten. Also ein Leben in extremer Spannung in uns selbst, mit den Männern und den älteren Frauen, die uns ebenfalls verteufelten – denn sie waren ja freiwillig (oder auch unfreiwillig) nach den Jahres des Krieges, als sie die Familien alleine durchbrachten, wieder heim an den Herd gegangen und gönnten uns in den wenigsten Fällen die neu eroberten Freiheiten. Also ein Kampf nicht gegen die Männer, die ja real Positionen und Macht an uns Frauen verloren, sondern auch gegen die Mütter, die uns unsere Möglichkeiten neideten und auf Sitte und Anstand pochten!

Auf der anderen Seite das beschwingende Gefühl, an einer wichtigen Bewegung mitzuwirken, denn wir leisteten mit unserem Engagement für mehr Frauenrechte, bessere Bezahlung oder Selbstbestimmung in der Abtreibungsfrage extrem wichtige gesellschaftliche Aufklärungsarbeit. Dies war eine Fortführung der holistischen Weltsicht der 60er Jahre: Sich selbst als Teil des Ganzen zu sehen, Solidarität zu üben, die Randgruppen einzubeziehen, für positive Ziele zu kämpfen – auch lustvoll und energisch. Diese erste erfolgreiche Jugendbewegung, von der die 68er nur die Spitze waren, entdeckte die Sexualität neu, schuf neue Umgangsformen untereinander und mit den Autoritäten, es entstanden die Bürger- und Selbsthilfebewegungen und ein völlig neues, selbstbewusstes Politikverständnis. In den vielen chaotischen und dreckigen Wohngemeinschaften entwickelten sich wirklich neue Lebensformen, weg vom spießigen Kleinfamilienidyll, aber wohl oft auch eine unbewusste Wiederholung der Notunterkünfte, der Behelfsgemeinschaften in den Nachkriegsjahren. Wie damals zerfielen sie erst und provozierten manche Bitterkeit, als einige der Mitbewohner nach dem Studium anfingen, Geld zu verdienen und die Gleichheit in der Kargheit und Armut nicht mehr so schön zusammenschweißte. Und Neid und Konkurrenz sich einschlichen!

All diese Visionen wurden getragen von der Rockmusik, die Millionen bewegte, es gab Visionen und Utopien von Frieden, Natur und Gleichheit zwischen den Geschlechtern. Es war auch die Zeit, als die Umweltbewegungen an Kraft zulegten.

Doch es ging wie immer im Leben: Bald, Mitte der 70er Jahre, entstanden auch Rivalitäten zwischen den Schwestern,

Abgrenzungskämpfe und Neid, was erst einmal nicht gesehen und gefühlt werden durfte, denn „wir lieben uns alle" – so eines der Schlagworte gerade unter Frauen. Zumal wir Frauen eine besonders starke gegenseitige Zuneigung aufgrund des gemeinsamen Leides empfanden. Wir litten in der Tat an vielen Ungerechtigkeiten – also fühlten wir uns einander nahe. Es hat sich damals tatsächlich unendlich viel verändert! Dinge, die heute so selbstverständlich sind, dass man sie nur schwer vermitteln kann, etwa das Berührungsverbot unter Männern. In den vorangegangenen Generationen haben Männer sich – außer einem steifen Händeschütteln – nicht berührt. Das haben die damals nicht selten enterbten und heute wieder und immer noch verspotteten langhaarigen Soziologie-, Politik- und Geisteswissenschaftler verändert, die in ihren Wohngemeinschaften buchstäblich neue Sitten und Gebräuche einführten. Es war revolutionär!

Wie zu jeder Zeit war es psychische Schwerarbeit, denn gegen neue Sitten wehren sich reflexartig erst einmal alle. Besonders, wenn sie, wie in diesem Beispiel, mit Homosexualität verknüpft wurden. Und die stand damals ja noch unter Strafandrohung! Auch das müssen sich die Jüngeren erst einmal vor Augen halten: Es drohte Gefängnis! Und das Bewusstsein, dass Schwule im Faschismus in den KZs ermordet worden waren, war ja auch noch aktueller Gesprächsstoff! Ein Coming-out wäre der Untergang der eigenen Familie gewesen, es hätte nicht selten die vernichtende Wut der Mütter und Väter oder ihre totale Abwendung provoziert. Niemand wird je wissen, wie viele Homosexuelle sich aus purer Angst vor der zu erwartenden Ausgrenzung durch Flucht oder Suizid entzogen haben!

Oder der Umgang mit Menschen mit Behinderung, besonders mit geistig behinderten Kindern. Die wurden meist „weggesperrt". In meiner Generation hörten wir noch etliche Geschichten, dass diese Menschen jahrzehntelang von den eigenen Eltern in dunklen Hinterzimmern weggeschlossen oder in Heime abgeschoben wurden. Mit dem riesigen Tabu: Niemand aus der Familie durfte über sie sprechen. Eines der prominentesten Beispiele stammt aus dem riesigen Kennedy-Clan: Dort wurde eine geistig behinderte Tochter wie ein „Staatsgeheimnis" verschwiegen und verheimlicht.

Andere seltsame Diskrepanzen, fast emotionale Spaltungen: 1988 recherchierte ich in Hamburg für ein pädagogisches Buch über die Erziehung im Konsum- und Verwöhnrausch. Ich interviewte Freunde und Bekannte, alles gestandene, politisch meist interessierte, vernünftige Leute. Doch da kamen Sprüche wie: „Meine Tochter hat 80 Stofftiere und Puppen, um Gerechtigkeit zu lernen. Sie nimmt jeden Abend ein anderes Kuscheltier mit ins Bett." Oder: „Meine Kinder sehen nie fern! Das finde ich schädlich!" – doch der Fernseher lief beim Interview die gesamte Zeit! Krass formulierte ich damals: Es hat etwas Absurdes, wenn Erwachsene nicht extrapolieren können. Wenn ich heute meinen Kindern keine Bescheidenheit, Tischmanieren, Höflichkeit oder Empathie beibringe, darf ich mich nicht wundern, wenn sie mit 14 Jahren ungezogene, unzivilisierte junge Monster sind. Insgeheim dachte ich manchmal, den Eltern fehle geradezu eine Gehirnwindung, um eins und eins zusammenzuzählen, ganz bestimmt fehlte ihnen der so genannte, schwer zu definierende gesunde Menschenverstand!

Wir übersahen damals die Machtfragen. Waren noch zu sehr der Hippie-Ideologie verhaftet: „Wir lieben uns alle!" Besonders wir Gleichgesinnten, Frauen und gemeinsam Notleidenden! Wir Westdeutschen sehnten uns – zu Recht nach dem Faschismus und dem Verschweigen von Schuld und Verstrickung – so sehr nach demokratischer Gleichheit auch in den Familien, dass wir den Elternjob aus den Augen verloren! Und die Lehrer ihre Aufgabe, auch Wissen zu vermitteln: Wohlfühlen und demokratisches Verhalten standen im Mittelpunkt, nur leider vergaßen viele, dass jegliche (demokratische) Freiheit besonders viel Erziehung, besonders viel Diszi-

plin und von innen kommende Motivation benötigt! Es ist viel
Seichtes, viel Schädigendes entstanden. In der Tat! Aber
natürlich auch viel Neues, Weicheres, Menschlicheres, wie
der Vergleich mit den autoritären Erziehungsidealen in der
DDR deutlich macht, deren Spuren noch heute zu erleben
sind.
Extreme Situationen von einerseits-andererseits. Es war
eine Evolution in Sachen Demokratie von unten. Nicht mit
der Frage „Was nützt es mir?" verknüpft, sondern vielmehr
was es den Armen, den Am-Rande-Stehenden, den Dritte-
Welt-Ländern nützen könne. Natürlich mit vielen utopischen
Anteilen, mit Naivität und Irrationalität, aber ohne diesen
Motor verändert sich gar nichts! Da bräuchte man gar nicht
erst anzufangen und aufzustehen! Und es wurde angefangen,
überall, in allen Lebensbereichen: Es war die Zeit der Basis-
demokratie-Diskussionen, der Bürgerrechtsbewegungen, der
Stadtteilinitiativen, der Öffnung der Psychiatrien, der Selbsthilfegruppen für alle Lebens- und Krankheitslagen, der Erzie-
hungsexperimente, der Abschaffung von autoritären Strukturen in den Behörden, im Umgang mit den Professoren und so
weiter. Gelebte Demokratie!
Es war aufregend und mitreißend; niemand der Aktivisten
litt unter Magersucht, innerer Leere oder allzu heftig unter
den Sinnfragen – weil so viel zu verändern war, wir so viel
anpackten, die Welt quasi auf Veränderung wartete!
Trotz aller Verwirrungen und Fehlentwicklungen, die unsere politisch wilden Jahre mit sich brachten, gesellschaftlich
haben wir sicherlich viele Anstöße zu einem neuen Denken,
einem neuen Umgang miteinander gegeben. Wenn ich mir
heute meine heranwachsenden Neffen anschaue, dann bin
ich stolz, wie reif und abgeklärt sie beispielsweise über Fami-
lienprobleme sprechen! Ich bin stolz auf sie – und auf uns! Ja,
wir haben in den vergangenen Jahrzehnten dazu beigetragen,
das Psychische salonfähig zu machen, wir haben Offenheit
und eine viel größere Toleranz in unglaublich vielen Lebens-

bereichen vorangetrieben. Es war eine Evolution in Richtung Bürgersinn, Mitmenschlichkeit und Ökologie, das Bewusstsein für Nachhaltigkeit wurde geschärft. Alles natürlich mit Auswüchsen, die jedoch nötig sind, da Neues übertrieben werden muss, um anzukommen. Und doch: Der Kampf hat uns ausgelaugt. Denn es gab und gibt bis heute ein generationenübergreifendes, im Unbewussten schlummerndes Erbe aus dem Faschismus, das in vielen Familien zu extremen Konflikten führte. All diese massiven Konflikte haben uns geschlaucht, völlig gefordert. Wir mussten der Generation vor uns so viel abtrotzen, dass wir auch vieles völlig außer Acht gelassen haben, was uns nun die jüngere Generation vorwirft und was wohl hoch problematische Folgen haben wird: das Rentendesaster, Krankenkassenlöcher, Kindermangel, Schulversagen, eine kafkaeske Bürokratie und galaktische Staatsschulden.

Gleichzeitig – neben meiner Bewunderung für meine jungen Neffen und einige ihrer Freundinnen – nehme ich immer häufiger Störungen bei Frauen in den Dreißigern wahr. Seit einigen Jahren werden sie nicht selten in deutschen Fernsehfilmen so dargestellt, wie ich sie beobachte: frustriert, anspruchsvoll, überfordert. Natürlich – wie immer – sind keineswegs alle jüngeren Frauen derart unglücklich. Als sich bei mir die Beobachtungen von Nörgeligkeit, Unzufriedenheit, Opferrollenmentalität häuften, begann ich mich zu fragen, was das alles mit dem Feminismus zu tun haben könnte, beziehungsweise welche Erziehungsziele die emanzipierten Mütter dieser jungen Frauen eigentlich im Kopf gehabt hatten? Da war doch etwas gewesen jenseits von Zickigkeit, Diätwahn und unpolitischem Gemecker über das Leben!?

Die Frauenbewegung hat natürlich auch die Männer geprägt. Viele veränderten sich, wurden weicher, gingen offener mit ihren Gefühlen um, nahmen sich der Kinder stärker an. Doch spätestens in den 8oer Jahren zeigten sich auch die negativen Folgen. Viele Männer waren frauenbefreiungsgeschädigt, auch zutiefst verunsichert, nicht selten devot und leer. Weiblichkeit war alles, Frauen hatten die Gefühlshoheit im emotionalen Bereich erobert, nach dem Motto: „Was Frau fühlt, ist richtig." Punkt, Basta, Schluss! Einige Männer wurden in den 70er Jahren superfeministisch! Einer meiner Kommilitonen, ein Jurastudent, trug ein T-Shirt mit der Aufschrift: „Ich hasse Penisse!" Er verstand das Penetrieren als einen repressiven Akt barbarischer Unterdrückung und versuchte anhand von homosexuellen Pornozeitschriften, schwul zu werden. Ein interessantes Experiment. Funktioniert hat es nicht. Oder: Ein anderer Jurist wurde Vater von vier Kindern, Hausgeburten waren en vogue. Und natürlich mussten die Väter bei den Geburten dabei sein, egal ob sie wollten oder nicht. Egal, ob die Sexualität später darunter litt oder nicht! Da dieser Freund alles hundertprozentig machte, leitete er schließlich Gruppen zur natürlichen Geburt. Wir lästerten, dass er besser hecheln könne als alle Frauen zusammen! Seine nächste Phase war jedoch wieder überaus bürgerlich: Er verliebte sich in das Aupairmädchen und bekam noch einmal drei Kinder! Auch das ging schief, aber zumindest war er sehr frauenbewusst, bevor er die Männergruppen für sich entdeckte!

Oder die männlichen Stillgruppen, zumindest in Hamburg hat es sie gegeben! Sinn und Zweck: Die Väter legten ihre Säuglinge an die eigene Brust, um dem damals neu postulierten „Gebärneid" ein wenig die Schärfe zu nehmen. Und sich einzufühlen in die Frauen, die etwas konnten, was ihnen verwehrt war – nämlich Kinder zu kriegen und sie zu stillen. (Am Ende natürlich doch per Fläschchen.) Alles neu, bisweilen grotesk, und heute gehen junge Väter so selbstverständlich mit ihren Babys um, dass die Verklemmung und Körperfeindlichkeit von damals nur schwer nachzuvollziehen ist!

Superfeministisch, sprich mutterängstlich, sind bis heute auffallend viele männliche und weibliche Sozialarbeiter und Familienrichter geblieben. Wie sich bei unzähligen Sorgerechtsverfahren nach Scheidungen zeigt: Sozialarbeiter halten eher zu Frauen, Mütter gelten als heilig. Fast naturmythisch: Mütter haben immer Recht! Ist das vielleicht immer noch ein Erbe der Nazizeit, als Mütter zu Heldinnen stilisiert und von Hitler mit Orden dekoriert wurden? Gibt es deswegen die herrlich zu beobachtende Verunsicherung bei Männern und Frauen, weil eine fantastisch ausgebildete Familienministerin, von der man nicht so recht weiß, ob sie egoistisch, altruistisch oder karrieregeil zu nennen ist, ob „Mutter der Nation" oder „Rabenmutter", mit sieben Kindern punkten kann und alles in Frage und auf den Kopf stellt, was man/frau bisher so argumentativ von sich gegeben hat?! Von wegen überlastet mit Einzelkind und Halbtagsjob! Das zieht nicht mehr angesichts von Ursula von der Leyen und ihrem strahlenden Lächeln!

Die männlichen Feministen unter den Scheidungsrichtern und Sozialarbeitern sind für mich die Männer, die in einem vorauseilenden und gleichzeitig hinterherhinkenden (hinter den Anforderungen ihrer eigenen Mütter) Gehorsam auf alle weiblichen Argumente hereinfallen und weibliche Tränen nicht aushalten können. Weibliche Gefühlsäußerungen bereiten ihnen derartige Ängste, dass sie die Belange, die Nöte und die Sehnsüchte der Kinder nach ihren Vätern aus den Augen verlieren. Sie haben vielleicht auch zu wenig über ihre eigenen Situationen und Gefühle als vaterverlassene Kinder nachgedacht, zumal wenn die eigenen Väter gefallen, vermisst oder innerlich abwesend waren. Denn dann hätten sie ihre tief versteckten Mütterängste und eigenen Kindersehnsüchte nach einem liebevollen und präsenten Vater erkannt und wären als Erwachsene in der Lage, bewusst und produktiv mit der Not der Kinder umzugehen! Doch was passiert? Sie projizieren ihre alten Ängste vor der übermächtigen Mutter auf alle Frauen und kuschen vor jeder – selbst, wenn sie ihnen das Blaue vom Himmel herunterlügt. Da sie damals nicht gegen ihre eigene Mutter aufbegehren durften und konnten, weil ihnen kein guter Vater das Rückgrat stärkte und sie zu diesem emanzipatorischen Akt ermutigte, können manche es bis heute schlecht – bei allen Frauen! Manchmal ein Berufsleben lang! Deswegen unterstützen sie viel seltener Männer und die Menschenrechte der Kinder auf Kontakt zu ihren leiblichen Vätern. Fatal für mehrere Kindergenerationen! So entstehen Wiederholungen, endlos!

Außer diesen Superfeministen war und ist wohl die Mehrheit der Männer verängstigt. Denn es gibt bisher keine neue Definition von Männlichkeit jenseits der Cowboys, Machos und Manager. Und gerade sensible Männer haben gelernt, dass diese Typen mega-out sind.

Fazit: Die Frauen nörgeln, die Männer ziehen sich verunsichert zurück und schweigen!

Kinder und Wunschkinder

In dieses Durcheinander von alten und neuen Rollenerfahrungen wurden auch in den 70er und 80er Jahren Kinder hineingeboren. Wie mag das wohl für kleine Jungen gewesen sein, die bei powervollen, frisch emanzipierten Müttern aufwuchsen, die unglaublich viel schafften und bewegten, die ihre Kinder mit zu Demonstrationen nahmen, Ferien in Frauencamps veranstalteten, alles Männliche in Frage stellten, oftmals per se ablehnten? Die Kinder damals erlebten auch eine nie zuvor da gewesene Freiheit. Doch zu viel Freiheit ist nicht nur für Erwachsene bedrohlich und ängstigend. Wenn Leitlinien, Lebensmuster, Grenzen täglich selbst gesucht werden müssen, kann das zu tiefer emotionaler Verunsicherung führen. Für Kinder manchmal mit fatalen Folgen: Sie müssen sich zu früh groß machen, quasi aufplustern, um diese schwierigen Aufgaben der Freiheit und des leeren Raumes zu füllen. Nicht selten verausgaben sie sich und werden lustlos, apathisch, desinteressiert an allem!

Bei uns in der Wohngemeinschaft (zwei Medizinstudenten, ich und zwei Kinder) durfte der zweijährige Kai pinkeln, wohin er wollte. Repressionsfreie Sauberkeitserziehung! Er lief dann sogar meist selbst und holte einen Lappen, wir fanden es so angebracht und stimmig! Es hat ihm nicht geschadet, er ist ein erfolgreicher, ausgeglichener, jedoch auch sehr, sehr sanfter junger Mann geworden!

Kleine Mädchen konnten sich bestenfalls der Power ihrer Mütter anschließen und sich teilweise damit identifizieren. Sie loteten diese Freiheiten für sich aus und wurden zu den kecken Girlies der 90er Jahre, für die die Errungenschaften der Frauenbewegung selbstverständlich sind. Doch oftmals mutierten sie anschließend zu unzufriedenen, narzisstisch verliebten, ewig gekränkten, zickigen jungen Frauen, die nörgeln und flunschen, wenn die Welt nicht so will, wie sie wollen.

Auch die kleinen Jungen wurden von diesen frisch emanzipierten Müttern, die jegliches Spielauto als männlich geprägtes Spielzeug ablehnten und Krisen bekamen, wenn ihre Söhnchen aus einem Stock ein Gewehr schnitzten, mit der neu errungenen emotionalen Offenheit überschüttet. Denn die Aktion „Abrüstung im Kinderzimmer" gehörte selbstverständlich zu unseren erklärten Zielen. Genau wie die nächtlichen Diskussionen im Freundinnenkreis, in denen es nur um eines ging: die Abwertung der Männer. Die kleinen Jungen hörten oft jedes Wort ...

Und was tun Jungen, denen von überbordenden, omnipotenten Müttern, die sich 24 Stunden im Kinderdienst befanden und nicht aufhören konnten, alle Welt um sich herum zu erziehen, ständig signalisiert wird: Sei mein Sohn, aber werde bitte kein Mann! Ihnen bleibt in vielen Fällen nichts anderes übrig als die Ohren zuzuklappen und sich durch Rückzug zu schützen. Rückzug ins Schweigen, Rückzug auf die gerade noch männlichen Bereiche wie Computer, Gangs und Coolness – oder aggressiv zu werden!

Zwischenfrage: Als männliche Tugenden wurden noch bis in die 60er Jahre beschrieben: Charakterstärke, Durchsetzungskraft, Verantwortungsgefühl für andere, Vermittlung von Geschichte und gesellschaftlichen Normen, Arbeitswilligkeit, Produktivität, Geduld und Zielstrebigkeit. Diese Tugenden wurden dann mit der Erfindung des künstlichen Lichts, des Rasenmähers, der Wärmflasche, der Entdeckung Amerikas und der Seychellen, der Aufklärung und der französischen Revolution gekrönt (und mit ebenso vielen negativen Erfindungen ...).

Gibt es zwischen dem Mangel und der Verneinung, ja sogar der Verachtung dieser „männlichen" Tugenden und den jährlich schlechter werdenden Schülern, die ohne nennenswerte Lese-, Schreib- und Rechenfähigkeiten die Schulen verlassen, einen Zusammenhang? Hat die westdeutsche Schon- und Kuschelpädagogik, die weibliche Merkmale trägt, zu diesem enormen Leistungsverlust geführt? Dabei würden einige der alten Tugenden den Jugendlichen heute sicherlich ganz gut tun! Unser damaliger Glaube, der, die Biologie negierend, davon ausging, dass jedes Kind grenzenlos bildungsfähig sei, war naiv und ausschließlich theoretisch, denn wir hörten ja nicht auf unsere Väter und Mütter, die uns darauf aufmerksam machten, dass sich noch nicht einmal alle Geschwister in einer Familie gleich entwickeln würden ... Heute erscheint mir diese Annahme schlicht pubertär: Theorie (Adorno, Horkheimer) gelesen, Wahrheit zu erkennen gemeint, Realität durch diese Brille zurechtgebogen.

Das logisch-pädagogische Denken war abhanden gekommen – es wurde ab den frühen 80er Jahren in Westdeutschland in einem solchen Umfang nicht mehr erzogen, dass es einen nur so grauste. Und die Kinder von damals sind und werden heute Eltern! Vielleicht kann man es nur mit dem Wiederholungszwang erklären: Die Erwachsenen des Faschismus haben beide Augen gegenüber Ungeheuerlichkeiten und Grausamkeiten zugemacht. Ihre Kinder verschlossen ihre Augen gegenüber dem Mangel an Strukturen im Alltagsleben, dem Verhalten ihrer eigenen Kinder, in der Formulierung von längerfristigen Erziehungszielen.

Wir waren derart im Kopf vernebelt, dass wir gar nicht merkten, wie mies es in diesem Chaos den Kindern ging! Ich machte 1972 auf einem Mädchengymnasium in Hannover Abitur und litt bereits seit zwei, drei Jahren unter dem Krach, der dort herrschte. Ich hatte Kopfschmerzen, weil die Lehrer uns kreischen ließen, die wenigsten noch eingriffen, uns auch nicht beim ständigen Schwänzen reglementierten. Es war absolut unfruchtbar, auch peinigend! Aber – so kann man es heute sehen – Krach und Selbstbestimmung mussten in einem gewissen Maße wohl sein, um die autoritären Strukturen aufzulösen, egal ob man dabei etwas (außer der Selbstbestimmung, in der Tat) lernen konnte oder nicht. Ein rührender, aber leider auch realitätsferner Optimismus: Weltverbesserung durch Erziehung! In der DDR hatten diese Weltverbesserung und Umerziehung bereits Ende der 40er Jahre begonnen, um den „neuen sozialistischen Menschen" zu formen, wir hinkten zwei Jahrzehnte mit der Menschenformung hinterher, holten dann aber heftig auf. Unsere Seminare an der Universität hatten folgende Titel: „Die Kibbuz-Erziehung", denn wir – die Kinder nicht berufstätiger Mütter – schwärmten von der Gemeinschaftserziehung! Oder „Summerhill – pro und contra" – über das antiautoritäre englische Internat, dessen Theorien so völlig verwässert und falsch verstanden nach Rest-Europa herüberschwappten. Grenzenlos naiv waren wir, aber zu 150 Prozent engagiert und frohen Mutes, aufgeregt und voller Enthusiasmus! Unterschiede, besonders die zwischen weiblich und männlich, lehnten wir einfach ab, wollten sie nicht als teilweise biologisch determiniert verstehen, Elitedenken war verpönt und verboten, Wunschkinder dank der neu erfundenen Antibabypille das non plus ultra!

Kinder werden, das ist so und bleibt wohl auch so, häufig zur Selbstverwirklichung oder als „Lebenssinnkinder, Ehekittkinder, Frauenrollendefinitionskinder" geboren, wie Christiane Grefe 2003 in einem Artikel in GEO spottete. Damit tragen sie eine ziemlich schwere Bürde, gegen die sie sich nicht selten wehren: mit Verweigerung, mit Aggressionen, mit Extremen. Ein Wunschkind zu sein ist kein Zuckerschlecken, weswegen die meisten Kinder heutzutage mit viel Zuckersüße und Verwöhnung ruhig gestellt werden (müssen). Denn bei Wunschkindern haben Eltern so etwas wie einen inneren Anspruch auf gutes Funktionieren. Das Argument: Wir investieren doch so viel! Deswegen muss auch was Ordentliches, wenn nicht sogar etwas Extraordinäres dabei herauskommen. Wie beim Jonglieren mit den Aktienkursen.

Die Analytikerin Christiane Olivier sagt ganz eindeutig, dass die nach 1968 geborenen Wunschkinder zu sehr geliebt worden seien, weil sie zu sehr gewünscht wurden! „Das Wunschkind ist nicht mehr wie früher Opfer des Zufalls seiner Zeugung, es vergrößert die Familie nicht mehr völlig unerwartet, und es aufzuziehen ist keine Last mehr, sondern eine Lust. Andererseits ist das Kind von heute zum Opfer der Liebe geworden, die man ihm entgegenbringt und von ihm erwartet." Früher war ein Kind stärker eine „Pflicht", heute entspringt es eher dem Wunsch nach Selbstverwirklichung. Doch wenn das Kind nicht die elterlichen Wünsche erfüllt, es nicht den Investitionen entspricht, dann wird es abgelehnt. Die meisten Kinder werden nicht misshandelt, sondern zu wenig berührt, links liegen gelassen, sprich: nicht erzogen und nicht zivilisiert! Auch nicht in ihrem Inneren, als Menschen, berührt. Zum Berühren gehören auch das Abstecken und Aushandeln von Grenzen, die Berührung im Streit, in der Grenzziehung.

Eltern werden immer schwächer, ungeduldiger und fühlen sich oftmals genervt und gestört von ihren Kindern. Ein Baby ist erst einmal wilde Natur, Chaos, unabhängig vom Willen der Erwachsenen. Das erfordert Konzentration auf das Kind, unendliche Geduld und Zuwendung. Doch wenn die jungen Eltern selbst eine verwöhnende oder eine sie verwahrlosende Erziehung genossen haben, in der sie nicht gelernt haben, die eigenen Frustrationen auszuhalten und mit ihnen produktiv umzugehen, wird es schnell brenzlig. Denn diese nach 1968 Geborenen, zu sehr geliebt, sind nun ihrerseits Eltern geworden. Oder wie die Schriftstellerin Eva Demski in ihrer „Liebeserklärung" an ihre Eltern schreibt: „Eltern sollten sich nicht unablässig für ihr Kind interessieren. Sonst interessiert ihr Kind sich ziemlich bald nicht mehr für sie." Sie sollten sich rar machen. Aber welcher Erwachsene versteht heutzutage diese besonders verfeinerte, kultivierte Spielart der Liebe noch?

Nie werde ich eine 27-jährige Hamburger Maklerin vergessen, die sich ein Kind offenbar nur als Teddybär-Ersatz gewünscht hatte: Am 15. Lebenstag ihres Kindes sagte diese junge Mutter zur Hebamme: „Nein, so habe ich mir das nicht vorgestellt, dass ich meinem Kind auch noch meine Freizeit opfern soll. Und dass es auch nachts schreit …!" Der unausgesprochene Nachsatz war: „Ich gebe es zurück! So haben wir nicht gewettet!"

Noch einmal Christiane Olivier mit der bitteren Erkenntnis: „Niemand ist egoistischer und untergründig gewalttätiger als eine Mutter oder ein Vater, die sich durch das Kind verwirklichen und in ihm ihre eigene misslungene oder verlorene Kindheit wiederfinden wollen. Wenn nicht alles so geschieht, wie sie es sich gewünscht, wie sie es erwartet haben, entwickeln sie die Bereitschaft, das Kind zu vernichten, das ihrem Traum nicht entspricht. ‚Du sollst glücklich sein, wenn ich es will, ruhig, wenn ich es will, und leiden, wenn ich leide.' So spricht das Unbewusste des misshandelnden und enttäuschten Elternteils."

Zunächst der tiefe Wunsch nach Symbiose, dem Einssein mit dem Kind – normal in der ersten Lebensphase, später hoch problematisch. Doch für die narzisstisch verwundeten und deswegen emotional extrem bedürftigen Eltern, die es in Westdeutschland in der Generation der heute 30- bis 40-Jährigen vielfach gibt, wird jeder Mucks, jedes Spucken, jedes Bauchweh ihres Babys bedrohlich für das eigene Ego, da sie dieses „Nichtfunktionieren" als Kränkung auffassen. Täglich! Und dann kommt es zu Gefühlskatastrophen, bei denen junge Mütter ihre Babys anschreien, *weil* diese weinen, *weil* diese Asthmaanfälle haben, *weil* sie sich mit drei Jahren nicht an die Abmachung halten, im Schuhgeschäft nicht zu quengeln …

Als Mensch mit gesundem Menschenverstand kann man dann nur konstatieren: Da läuft etwas in die völlig falsche Richtung!

Skizze eines nicht untypischen Lebenslaufs

Angela (Jahrgang 1952) hatte dunkle Locken, war zierlich und sanft, aber auch beharrlich und stark. Sie kam aus dem Kleinbürgertum und der evangelischen Jugendbewegung, hatte einen gewissen Ernst, engagierte sich gern emotional und begann 1972 in Hamburg zu studieren. Natürlich Grundschulpädagogik, das war politisch korrekt und weiblich! Ihr zweites Engagement, und sie machte alles mit totalem Einsatz, war damals die feministische Bewegung, also trug sie jahrelang nur Latzhosen, wir gingen zusammen in die Frauengruppen, machten zu zweit eine Radtour durch Holland, was schon ein Ereignis war und sich recht mutig anfühlte. Wir lebten beide in WGs, sie hatte – und das war ungewöhnlich – einen und immer denselben Freund seit ihrem 16. Lebensjahr, aber natürlich auch eine lesbische Phase. Wiederum ernsthaft verliebt und sehr bewusst, auch das wurde auf seine gesellschaftspolitische Relevanz hin diskutiert. Fast war das Lesbisch-Sein für frauenbewegte Frauen eine Pflicht, aber natürlich auch lustvoll und subversiv! Allmählich wurde bei ihr aus Rosa jedoch Grün und sie entdeckte die Umwelt- und die AKW-Bewegung für sich. Brokdorf war das Schlagwort, dort, wo alle wachen jungen Leute gegen die Atomkraftwerke demonstrierten und sich die berühmt gewordenen Schlachten mit der Polizei lieferten. Es war gefährlich, es war mutig, dort mitzumachen, es war ein Projekt für die Generationen nach uns, die wir schützen wollten!

Doch gegen Ende der 70er Jahre und ihres Studiums wurde sie orange, völlig und ausschließlich, denn sie wurde Sannyasin, Anhängerin von Bhagwan, dem Guru der allumfassende Liebe. Zusammen gingen wir ab und an zur trendigen Kundalini-Hüpf-Meditation bei rasanter Musik oder in eines der von der Sekte geführten vegetarischen Restaurants

Hamburgs. Doch dann trennten sich unsere Wege. Sie zog –
erstaunlicherweise immer noch mit ihrem Freund – in einen
Ashram nach Poona in Indien und suchte die Erleuchtung
gemeinsam mit den Zehntausenden von Bhagwan-Anhängern
bei den regelmäßigen Sessions mit dem Guru, dem treue
Anhänger mittlerweile Dutzende von Rolls Royce geschenkt
hatten. Wir hörten staunend und ein wenig neidisch von der
allumfassenden und auch so praktizierten Liebe ... Kamen einige der Jünger nach Monaten oder sogar nach Jahren wieder
zurück – meist immer noch mit ihren neuen indischen
Namen, aber in allmählich abklingendem Orange – hatten sie
eine Aura der Erleuchtung und des Exotischen um sich. Angela blieb mit ihrem Freund etwa zwei Jahre in Indien, bekam
einen Sohn, wurde von Bhagwan persönlich getraut. In Hamburg zog sie erneut in eine Wohngemeinschaft und machte
sogar ihr Referendariat zu Ende. Trotz der Erleuchtung!

Doch nach einiger Zeit hörten wir, dass sie regelmäßig an
die Ostsee zu einem indianischen Weisen fahren würde. Jetzt
war also dieses Heil an der Reihe, naturmythisch und Mutter
Erde verhaftet. Sie bekam ein zweites Kind, arbeitete als Lehrerin – keiner von uns konnte sich Angela auch nur entfernt
an einer deutschen Schule vorstellen.

Und wieder waren vier, fünf Jahre ins Land gegangen und
ich traf sie (wohl zu Beginn der 90er Jahre) in einer kleinen
Stadt in der bayrischen Provinz, in einem Häuschen, nun mit
vier Kindern und immer noch demselben Mann. Jetzt begeg-
nete ich meiner früheren Freundin in Nylonstrümpfen und
züchtigem Blümchenkleid Marke Kittelschürze! Das hat mich
umgehauen, für mich der Inbegriff von Kleinbürgertum – und
in diese Richtung hatte sie sich wieder hinentwickelt. Zurück-
entwickelt, einmal im Kreis herum. So brav wie wohl ihre eigene Mutter in den 50er Jahren, die ich nur von Fotos kannte:
Ein Déjà-vu-Erlebnis der besonderen Art!

Es wäre eine Studie wert, was aus den Kindern dieser
ideologisch und spirituell häufig wechselnden Eltern gewor-

den ist, die von einem Extrem zum nächsten mitgenommen wurden. Wo haben sie ihre Mitte, welche Werte vertreten sie, wie haben sie die unterschiedlichen Erleuchtungen verkraftet? Inzwischen sind wir jungen, radikalen Feministinnen der 70er Jahre im mittleren Alter, lachend und kichernd erinnern wir uns an diese Zeiten des „Geschlechterkriegs". Doch manchmal bleibt mir das Kichern im Halse stecken und ich frage mich: Was haben wir damals bloß angerichtet? Aber auch: Das Pendel der Avantgarde ist zu Recht und vieles bewegend stark ausgeschlagen in die eine Richtung, jetzt wird es Zeit für eine Stabilisierung in der Mitte, der goldenen hoffentlich!

Als Therapeutin erschreckt mich die Unzufriedenheit der Jüngeren: Weder mit noch ohne Mann, weder in der Ehe noch außerhalb sind sie zufrieden oder suchen gemeinsam nach neuen Lösungen. Viele dieser fabelhaft ausgebildeten jungen Frauen zernörgeln ihr Leben, zernörgeln ihre Liebesbeziehungen. Natürlich wollen sie den neuen Mann, der über Gefühle reden kann – aber bloß keinen Softie. Einen, der die unangenehmen Dinge des Lebens erledigt: Rasenmähen, Steuererklärung, Wände streichen. Trotzdem heißt es: Die Männer heutzutage taugen einfach nichts. Fragt man, was sie konkret am jeweiligen Mann auszusetzen haben, kommen keine nennenswerte Vorwürfe, sondern nur undifferenziertes Quaken. So nach dem Motto: Er ist nicht so, wie ich es mir vorgestellt habe. Klar, wenn der eigene Vater nicht präsent war und keine Brüder vorhanden waren, dann gibt es nur durch Medien vermittelte Männerbilder: Die Traumprinzen und Gewalttäter sind wohl die einprägsamsten. Und dann wird am Partner herumerzogen, so stark, bis ich einmal solch eine nörgelige junge Frau fragte: „Um Himmels willen, warum suchen Sie sich denn nicht eine lesbische Partnerin, die Ihnen in allem möglichst ähnlich ist? Da hätten Sie doch alle weiblichen Tugenden vereint!" (Auch das lehnte sie ab!)

Die Schriftstellerin Angelika Schrobsdorff beschreibt in ihrem sarkastisch-melancholischen Roman „Der Geliebte" eine Protagonistin dieses Typus: „Aber wonach ich hungerte, wusste ich nicht. Und vielleicht war das mein Unglück, dieses Nichtwissen, wonach ich hungerte. Ich hatte geheiratet, und es war nicht das richtige gewesen. Ich hatte kein Kind gehabt, und es war nicht das richtige gewesen. Ich hatte ein Kind bekommen, und es war nicht das richtige gewesen. Ich hatte gefaulenzt, und es war nicht das richtige gewesen. Ich hatte gearbeitet, und es war nicht das richtige gewesen. Ich hatte ohne Liebhaber gelebt, und es war nicht das richtige gewesen. Ich hatte mit Liebhabern gelebt, und es war nicht das richtige gewesen. Ich hatte, immer in der Hoffnung, eine Erlösung, eine Erfüllung zu finden, so vieles getan und so vieles nicht getan. Und ich stand immer noch an demselben gähnenden, leeren Fleck."

Auf der anderen Seite fühlen sich Frauen seltsamerweise oft bis zur Selbstauflösung abhängig von Männern, und jedes Ende einer Liebesbeziehung gerät rasch zur existenziellen Katastrophe und wird dutzendfach mit allen Freundinnen am Telefon besprochen. Auch fühlen sich immer noch viele Frauen nicht existent und bloß, wenn sie keinen Mann an der Seite haben. Doch dieselben Männer werden, wenn sie dann relativ sicher eingefangen sind, nicht mehr so geliebt, wie sie sind, sondern kübelweise mit Verachtung überschüttet, weil sie scheinbar urplötzlich über Nacht anders geworden sind. Merkwürdig! Übrigens behaupten das Männer von uns viel seltener! Und sie setzen uns auch nicht, wie wir es an der Frauen- und Freundinnenfront so gerne tun, der flächendeckenden, alle Intimitäten offenlegenden Verhöhnung aus.

Erica Jong, eine unserer Kultautorinnen, setzte 1973 in ihrem Weltbestseller „Angst vorm Fliegen" selbstironisch und brillant, ohne verklemmte feministische (deutsche) Hysterie, dem „Penisneid" einen „Uterusneid" entgegen. Sie schrieb so offen und frech über Sex, dass es uns den Atem verschlug. Und über die Beziehungsdramen, die ewigen: „Pia malte. Ich schrieb. Unser Leben bestand nicht nur aus Männern; wir hatten unsere Arbeit, unsere Reisen, unsere Freunde. Also warum lief unser Leben dann letzten Endes auf lange Klagelieder über die Männer hinaus? Warum schien unser Leben zu einer unaufhörlichen Männerjagd zu entarten? Wo gab es die Frauen, die wirklich frei waren, die nicht ihr Leben damit verbrachten, von Mann zu Mann zu stürmen, die sich mit und ohne Mann ‚heil und ganz' vorkamen? Vielleicht war diese Suche mehr ein Ritual, bei dem die Reise mehr Gewicht hatte als das Ziel? Vielleicht war es so etwas wie die Suche nach dem heiligen Gral? Vielleicht ging es gar nicht um einen Mann aus Fleisch und Blut, sondern um eine Art Fata Morgana, heraufbeschworen von unserer Sehnsucht und unserer inneren Leere?"

Die weltberühmte britische Autorin Fay Weldon, die in ihren bitterbösen Romanen (zum Beispiel „Die Teufelin", verfilmt mit Meryl Streep) sowohl feministische Tendenzen hat, aber auch die Frauen entlarvt, sieht die Frauenbewegung ebenfalls in einer Sackgasse. In der „Süddeutschen Zeitung" schreibt sie im Sommer 1999: „Frauen suchen eine Freundin mit dem Körper eines Mannes zum Heiraten. Sie suchen jemanden, mit dem sie tratschen, ins Kino gehen und über ihr Make-up fachsimpeln können. Aber Männer sind anders. Frauen wollen zu viel. Und alles in einer Person. Die alten männlichen Qualitäten interessieren nicht mehr: Verantwortung übernehmen, erobern, sich auf eine Sache konzentrieren. Das wird alles nur noch runtergemacht. Mit dem Effekt, dass junge Männer heute auf verlorenem Posten stehen und verzweifelt versuchen, so wie Frauen zu sein. Das kann nicht gutgehen."

Nach diesen literarischen Beispielen einige persönliche Beobachtungen und Erfahrungen, denn sowohl im Alltag und im Freundeskreis als auch in meiner Praxis als Therapeutin erlebe ich immer wieder Männer, die sich zu Hause nicht mal mehr piep zu sagen trauen.

Fallbeispiele

Beispiel eins

Eine junge Familie im Zug. Die Eltern, offenkundig Akademiker, um die 30, beide selbstbestrickt, in naturbelassener Baumwolle, zwei süße, brave Kinder. Die Frau bittet ihren Mann, aus dem Rucksack ein Bilderbuch herauszunehmen. Tut er auch, freundlich und selbstverständlich. Die Kinder gucken, warten gespannt, dass der Vater ihnen gleich vorlesen wird. Gut und schön, doch nicht für die Frau. In sieben Minuten erteilt sie ihrem Mann sechs Befehle (mitgezählt): Nein, fass den Rucksack anders an, nein, erst den Reißverschluss, nein, so herum, jetzt setzt euch zu dritt so hin und nicht anders und so weiter. Ich als Zuschauerin stutze, frage mich, ob sie davon ausgeht, dass der von ihr freiwillig, ohne Zwang, ausgewählte Partner wohl debil oder geistig behindert sei. Nein, so wirkt er nicht, er lässt diesen demütigenden Redeschwall mit stoischer Ruhe über sich ergehen. Ruhig, aber auch ergeben und resigniert. Und sie merkt gar nicht, dass sie gleichzeitig auch die Kinder nonstop mit unsinnigen Befehlen und ihrem leidenden, nörglerischen Tonfall malträtiert. Nicht schlimm eigentlich, nur möchte man nach zehn Minuten laut schreiend davonlaufen. Aber die Familie traut sich das nicht, schaltet auf Durchzug, so dass die junge Frau dann wiederum das Gefühl hat, keiner höre ihr zu. Stimmt ja auch, so unerträglich wie ihre Stimme ist!

Doch was ist der Gewinn ihres Verhaltens? Sie darf sich als Opfer fühlen. Es scheint, als sei dies ihr unbewusstes Ziel. Doch, um Himmels willen, warum? Sie hat doch fast alles: wahrscheinlich eine gute Ausbildung, sie kann ihre Lebenssituation frei wählen. Ob überhaupt ein Kind, wie viele Kinder, ob sie arbeitet oder er, ob sie sich halbtags mit Hort oder ganztags mit einer Tagesmutter arrangiert. Sie kann also zwischen einem „männlichen" und einem „weiblichen" Lebenszuschnitt und allen anderen Positionen frei wählen! Diese breite Palette an Wahlmöglichkeiten haben Männer keineswegs! Für diejenigen, die eine qualifizierte Ausbildung haben, gibt es quasi keine Halbtagsjobs, die müssen erst noch geschaffen werden! Ungerecht, natürlich! Wo sind die Frauendemonstrationen dafür? Schrecklich für die Kinder, weil sie zu wenig Zuwendung von den Vätern bekommen. Einerseits. Andererseits wunderbar, dass es Halbtagsjobs gibt, und Frauen so *beides* vereinbaren *können*: Beruf und Kinder!

Ich möchte bei der Diskussion um die Ganztagsbetreuung von Kindern auch zu bedenken geben, dass Franzosen keineswegs neurotischer sind als Deutsche, obwohl dort alle Kinder seit Jahrzehnten ganztagsbetreut werden! Und nicht nur eine der Ministerinnen oder Managerinnen drei bis fünf Kinder hat!

Außerdem gibt es wohl einen „Zusammenhang zwischen der Blässe der Väter und der Bösartigkeit der Mütter" schreibt Ursula März 1998 im Kursbuch „Unsere Mütter". Sie fährt fort: „Von Jahrhundert zu Jahrhundert ist die Form der Familie einem Schrumpfungsprozess ausgesetzt. Von der Großfamilie mit Kinderschar, Großeltern und Gesinde über den Vier-Personen-Haushalt und das Vater-Mutter-ein-Kind-System zur modernen Minimallösung der alleinerziehenden Frau mit Kind. Während die Väter immer mehr in den Hintergrund traten, bis sie in der so genannten ‚vaterlosen Gesellschaft' gar nicht mehr zu sehen waren, gewannen die Mütter immer mehr an offensichtlich ungesund überragender Bedeutung. Das Image der Mutter sinkt. Die männlichen Elemente der Elternschaft, die die Mütter von den abwesenden oder entthronten Vätern übernehmen, verwandeln sich in ihrem Charakter ins Gift des herrischen Wesens. Das zeitgenössische Mutterbild enthält ein erschreckendes Aufgabenpensum. Ämterfülle steht jedoch, in der Politik wie in der Familie, immer im Verdacht des Machtmissbrauchs."

Beispiel zwei

Ein gleichaltriges Paar steigt in den Zug ein, beide vom Typ Bankangestellte, ein wenig schicker. Ohne Kinder. Er hebt den kleinen Koffer auf die Gepäckablage. Sie: Nein hierhin. Er muss ihn noch zweimal verrücken. Ebenso die Mäntel: Sie befiehlt aufhängen, nein hinlegen, nein hierher legen! Er macht es! Sie setzt sich als erste. Das ist okay! Doch nein, sie will lieber gegenüber sitzen, also alles noch einmal andersherum ... Eine ganz alltägliche Situation, oft zu beobachten. Erst auf den zweiten Blick wird ihre Absurdität deutlich.

Meine Fragen:

1. Wie muss es im Inneren solcher Frauen aussehen, wenn sie es nötig haben, ihre Männer in der Öffentlichkeit subtil oder, wie hier, auch reichlich offen und anhaltend zu schikanieren?

2. Warum wollen sie der Welt demonstrieren, dass sie sich selbst freiwillig und als erwachsene Person einen Vollidioten ausgesucht haben, der den Koffer nicht ohne Anleitung hinlegen kann?

3. Warum dieser extreme Kontrollzwang, dass sie es nicht aushalten, wenn ihr Mann den Koffer anders hinlegt, als sie es selbst getan hätten? Folgende Überlegung hilft weiter: Würde ich meine beste Freundin bei einer gemeinsamen Reise auch derart schikanieren und bevormunden?

4. Warum meinen diese jungen Frauen, beides haben zu können und haben zu müssen: Das Prinzessinnendasein mit einem koffertragenden Mann ebenso wie die angebliche Emanzipation, die ihnen vermeintlich das Recht gibt, nonstop Befehle zu erteilen? Nur leider ist die Welt für uns alle so blöd eingerichtet, dass wir nicht immer alles haben können!

5. Und die Männer: Warum wirken sie bloß so freundlich, so harmlos, zu Diensten, fast devot, so entsetzlich schweig-

sam? Warum wehren sie sich nicht dagegen, als Idioten behandelt und abgestempelt zu werden? (Wenn ich solche Männer sehe, habe ich sofort ein Bild von einengenden, kontrollierenden Müttern vor Augen, die ständig putzen und wischen!)

6. Welche Ideale geben diese beiden Erwachsenen möglicherweise an ihre Kinder weiter? Doch wohl nicht das vernichtende Zernörgeln eines Partners und einer Partnerschaft und die devote Schweigehaltung des anderen?

Beispiel drei

Familie M., zwei Kinder. Er ist Psychologe, sie Lehrerin. Sie entscheiden gemeinsam, dass er weiter arbeitet und sie freiwillig zu Hause bleibt, um die Kinder großzuziehen. Ich betone: freiwillig! Niemand hat sie gezwungen! Sie liebt ihren Beruf nämlich nicht und geht lieber mit den Kindern segeln oder gräbt den Garten um. Er liebt seinen Beruf ebenfalls nicht, aber Geld muss ja verdient werden. Er ist ziemlich erschöpft, wenn er nach Hause kommt, und muss dann noch Wäsche waschen und aufhängen, kochen und am Wochenende nicht nur Dinge im Haushalt reparieren, sondern auch noch putzen. Und sieht deswegen seine Kinder zu wenig. Das hält sie ihm vor! Die unangenehmen Arbeiten im Haushalt schafft sie in drei Stunden am Tag, sie ist flott und nicht so pingelig. Sein Anteil an der Familienarbeit liegt somit bei etwa 70 Prozent. Aber sie hat immer das Gefühl, mehr zu machen als er. Welch ein Realitätsverlust! Emanzipationsgeschädigt, wie er ist, wagt er Jahre lang nicht, sich darüber zu beschweren. „Frauen haben doch immer Recht", ist seine resignierte Haltung.

Zur therapeutischen Arbeit gehört nun, dass wir gemeinsam anhand von wochenlangen Protokollen (sehr wirkungsvoll und unbedingt schriftlich anzufertigen, weil sonst geschummelt wird!) herausfinden, welche Arbeit eigentlich in der Gesamtfamilie anfällt und getan werden muss. Es stellt sich tatsächlich heraus, dass die junge Frau bei ihrer Rechnung völlig übersehen hat, dass ihr Mann acht bis zehn Stunden am Tag arbeitet, um die Familie zu ernähren. Eine häufig anzutreffende Fixierung und negative Weltbeschränkung: Als „Arbeit" gilt nur das, was im Inneren des Hauses verrichtet wird. Noch nicht einmal Tätigkeiten außerhalb des Hauses (Rasenmähen, Auto reparieren, Regenrinne säubern ...). Auch Berufstätigkeit wird oftmals nicht dazugezählt. Aber das Geld ist selbstverständlich für beide zugänglich und das meiste wird von Frauen ausgegeben. Männliche Erwerbsarbeit zählt bei Frauen immer weniger, nur ihre eigene Arbeit zu Hause wird in die Waagschale geworfen, als sei jeder Job außer Haus ein Jux und acht Stunden pure Selbstverwirklichung.

Meine provozierende Frage: Wäre es nicht gerechter, dass sie in den acht Stunden, die er außer Haus für die Familie arbeitet, ebenfalls die tägliche „doofe" Hausarbeit erledigt, so dass der Feierabend und das Wochenende für beide frei sind? Großes Erstaunen bei ihr, es scheint eine völlig neue Weltsicht und ein neuer Gerechtigkeitsaspekt zu sein: Die Tätigkeit des außer Haus arbeitenden Partners als gleichberechtigt anzusehen! Es ist ihr absolut ungewohnt, sich mal nicht als alleiniges Opfer zu betrachten, sondern zu erfahren, dass sich ein anderer Mensch als Opfer ihrer Anforderungen fühlt. Neu auch zu realisieren, dass ein anderer Mensch ebenfalls physische und psychische Grenzen hat. Völlig neu, dass es zufällig ihr eigener Mann ist!

Weibliche Konkurrenz und weibliche Missgunst

Die Frage an eine Nur-Hausfrau mit Kindern, wie sie sich den Tag einteilt und was so anfällt (merken Sie, wie ich mich bemühe, neutral zu formulieren – doch es ist quasi nicht zu schaffen!), wird von diesen Frauen meist als Kriegserklärung interpretiert. Deswegen fragt wohl auch niemand, deswegen kommt es zu so wenig Kommunikation über Arbeitsabläufe, über Unsinnigkeiten (Fensterputzen alle vier Wochen oder nur einmal pro Jahr?), über Erfahrungen. Und dann das Problem zwischen berufstätigen und nichtberufstätigen, die Kinder erziehenden Frauen. Eine Crux, absurdes Theater. Folgende Szenen wiederholten sich zwischen meinem 25. und 45. Lebensjahr häufig. Vorab sei gesagt, ich habe keine eigenen Kinder! Also: saß ich beispielsweise neben einer Frau, die ich gern näher kennen gelernt hätte, stellte sich fast automatisch ein ganz subtiles gegenseitiges Belauern ein. Nur wenige Sekunden lang, aber spürbar. Ich versuchte, im Gespräch herauszuhören, was sie tut. Denn wegen böser Unterstellungen (siehe die obige Kriegserklärung!), habe ich mich nicht mehr zu fragen getraut, was sie beruflich macht. Aus Angst, sie sei „nur" Hausfrau und Mutter, würde meine Frage mit unterdrückter Wut beantworten und mir mit Sicherheit unterstellen, dass ich sie ablehne. Projektionen lassen grüßen! Tat ich zwar nicht und natürlich wurde ich auch nicht gefragt, ob ich freiwillig oder für mich schmerzhaft keine Kinder hätte (das haben diese sich als Opfer der bösen Berufstätigen gerierenden Hausfrauen ja gar nicht im Sinn), sondern sie polemisierten sofort halb innerlich, halb lautstark, dass ich ihnen Faulheit und ein sinnleeres Leben unterstellte. Das tat ich ebenfalls nicht. Im Gegenteil: Ich liebte und bewunderte meine Schwestern und Freundinnen, die damals fast alle Kinder hatten und ihrem

Managerjob als Mütter voller Schwung und Nachdenklichkeit nachgingen. Bis heute gibt es diese aggressiven Reflexe von Hausfrauen. Da kann man nur sagen: Meine Güte, wenn ihr euch nicht ernst nehmt und dazu steht, warum sollen es dann eigentlich alle anderen tun? Vielleicht hilft ja der Reklamespot aus dem Jahr 2004 der Firma Vorwerk weiter: Zwei bildhübsche, äußerst coole junge Frauen begegnen sich auf einer Party, die eine erzählt mit unterkühltem Stolz von ihrem tollen Job, die andere zögert eine Sekunde und sagt dann „... und ich leite ein gut gehendes, kleines Familienunternehmen!" – Szenenwechsel: Sie als entspannte Mama mit ihren Kindern zu Hause!

Bemerkenswert übrigens, dass es den Begriff „Rabenmutter" in anderen Sprachen nicht gibt! Die hitzige, extrem kontrovers geführte Debatte „Wie viel Mutter braucht ein Kind wie lange" ist wiederum höchst verständlich. Diese Frage wird bei uns aber noch keinesfalls ideologiefrei diskutiert, weil zu viele negative Aspekte daran geknüpft sind! In einem Land, in dem zwei Diktaturen versuchten, den Eltern zwecks ideologischer Formung die Kinder zu entziehen und sie massiv – bis hin zur Bespitzelung der eigenen Familie – zu manipulieren und auszuhorchen, oder schlimmer noch, Regimegegnern in der DDR die Kinder ganz wegzunehmen!

„Der schlimmste Feind der beruflich ambitionierten Mutter ist die Hausfrau" behauptet Barbara Bierach in ihrem Buch „Das dämliche Geschlecht. Warum es kaum Frauen im Management gibt", denn Nur-Hausfrauen würden wie Schießhunde aufpassen, dass der Mythos Kind-braucht-Mutter-rund-um-die-Uhr bestehen bleibt. Ohne je zu sehen, dass auch ihre Kinder nicht selten missraten oder neurotisch sind. Und wo steht eigentlich geschrieben, dass alle Mütter empathische, enthusiastische und geistvolle Erzieherinnen sind? Besser als alle ausgebildeten Pädagogen? Zumal das Eingesperrt-Sein in der Zwei-Personen-Mini-Rest-Familie, dieses extreme Aufeinanderhocken ohne nennenswerte Nachbar-schafts- und gesellschaftliche Kontakte, wirklich wenig Frischluft und Welterfahrung bringt, sondern vorhandene Probleme durch den ständigen, ausschließlichen Kontakt eher potenziert. Westdeutsche Nur-Hausfrauen dürfen auch in aller Seelenruhe andere Frauen als Rabenmütter diffamieren, aber gegen sie darf niemand etwas sagen. Während die Ostfrauen erstaunt und etwas mitleidig den Kopf ob solcher ideologischen Zänkereien schütteln.

Beate Kricheldorf beleuchtet in ihrer scharfen Analyse des weiblichen Verhaltens „Verantwortung: Nein danke! Weibliche Opferhaltung als Strategie und Taktik" noch einen anderen Aspekt: „Sehr fraglich ist, ob Frauen, die sich entschließen, ganz und gar und lebenslang nur für Kinder, Mann und Haushalt dazusein, nun automatisch die besseren Mütter sind. Denn in der Regel sind das Frauen, die selbst ein starkes Bedürfnis nach Geborgenheit und Sicherheit haben, die vielleicht etwas unselbständig und unreif geblieben sind oder denen Berufsarbeit oder aktive Teilnahme am öffentlichen Leben eher Angst macht. Sie spinnen sich ganz in ihre Häuslichkeit ein. Kinder gehen dann oft auf die Nerven und die Frau ist nur noch daran interessiert, dass sie sich allein beschäftigen oder sie sie irgendwohin geben kann. Oft werden solche Frauen zu Über-Hausfrauen (Putzfimmel usw.), denen es ein Gräuel ist, mit ihren Kindern zu spielen oder wenn die Kinder Unordnung machen. In aller Regel sind sie nicht bereit, die Hausarbeit zurückzustellen, um mit ihren Kindern zu spielen oder einen Ausflug zu machen; weil ihnen aufräumen, Hausarbeit wichtiger und weniger anstrengend sind als die Beschäftigung mit Kindern."

Fast scheint es so, dass Frauen gern zu Hause sind, dekorieren, umdekorieren, sich mit gesunder Ernährung und alternativer Medizin befassen und jedoch ab Mitte Vierzig, wenn die Kinder das Haus verlassen, anfangen sich zu langweilen. Sie wollen versorgt sein, aber nicht die Nachteile in Kauf nehmen. „Einerseits beklagt sie sich, als Hausfrau jahrelang geschuftet zu haben, ohne bezahlt zu werden (obwohl ja der Mann für ihren Lebensunterhalt aufkam), andererseits traut sie sich aber eine bezahlte Arbeit gar nicht zu, sondern bevorzugt nun ehrenamtliche Tätigkeiten. Auch hier liegt das Problem nicht in der Tatsache an sich, sondern in der Täuschung: Die ehrenamtlich tätige Frau rühmt sich, mal wieder nur unentgeltlich zu arbeiten, verschweigt aber, dass sie wieder mal keine echte Verantwortung übernehmen möchte, sondern nur eine Arbeit für sie infrage kommt, die Spaß macht, keine regelmäßige Verpflichtung darstellt und die sie jederzeit wieder abbrechen kann, wenn sie möchte", beobachtete Beate Kricheldorf etwas boshaft. Es ist diese unverbindliche, leicht flippige, an der Oberfläche bleibende und manchmal auch kindliche Haltung: Hauptsache Selbstverwirklichung!

Und dann die Sache mit der Zeit. Am wenigsten Zeit haben Nur-Hausfrauen. Grundsätzlich. Das gehört zum Image! Zeitrivalität! Donata I., die vier Kinder und einen Beruf hat, lästert: „Wenn früher eine Freundin vorbeikam, um ihre Kinder nach dem Spielen abzuholen, aber unter der Tür stehen blieb, sich nicht hinsetzte, dann war es garantiert eine Frau ohne Beruf." Sie fühlt sich genervt von ihren nichtberufstätigen Freundinnen, die sich aufplustern mit ihrem ewigen „Ich-habe-keine-Zeit", sich immer angegriffen und von ihr diskriminiert fühlen. „Alles sehr verkorkst", so ihr etwas resigniertes Fazit.

Oder Katrin N., Mutter von zwei kleinen Söhnen, Lehrerin im Osten von Berlin mit voller Stelle, die ich vor einigen Jahren für die „Süddeutsche Zeitung" interviewte (damals war sie zusätzlich noch mit einem Aufbaustudium beschäftigt ...): „Zeit ist eine Organisationsfrage. Mir fällt auf, dass Westmütter die mit ihren Kindern verbrachte Zeit als Negativzeit bewerten. Als nicht existierende Zeit. Für mich ist es oft zwar anstrengend, aber wunderschön, wenn ich von 16 Uhr bis zum Zubettgehen intensiv und ausschließlich mit meinen

Kindern zusammen bin." Zu DDR-Zeiten gab es einen Haushaltstag pro Monat, „was ganz angenehm war und natürlich waren wir alle Organisationsgenies." Man musste gucken, wo Hilfe zu bekommen war. Dagegen seien etliche ihrer Westberliner Kolleginnen kinderlos, jedoch überhaupt nicht belastbar in der Schule. „Sie pflegen ihre Zipperlein und ihre Marotten und investieren garantiert keine zusätzliche Zeit in ihre Schüler. Wenn ein eigenes Kind da ist, wird es wie ein Hobby betrachtet, wie Motorradfahren. Doch dann sind sie erstaunt, dass es sich nicht irgendwo abstellen lässt."

Natürlich lässt sich Zeit strecken, vernichten, totschlagen mit den Nichtigkeiten des Putzens, Dekorierens und der vielen kleinen bunten Eitelkeiten. Ein intensiv gelebter Narzissmus. Wenn aber der Perfektionismus zum Lebensinhalt wird, dann stört er alles Lebendige, alles Menschliche. Es kann soweit gehen, dass jemand, der nicht im passenden Outfit zu Besuch kommt, sich nicht willkommen fühlt.

Was für eine Rolle Rivalität und Konkurrenz unter Frauen spielen, das wussten wir in unseren feministischen Jahren nicht. Buchstäblich! Es war wie nicht existent, äußerte sich wohl nur in negativen, diffusen Gefühlen von Schwermut und Weinerlichkeit, aber da immer ein Außenfeind rasch bei der Hand und im Visier war, konnte frau es getrost auf IHN schieben. Nicht auf die frauenbewussten Schwestern. Dazu war auch die Sehnsucht nach Symbiose, nach Verschmelzung, nach Sich-aufgehoben-fühlen-auf-Frauenpartys zu groß. Wie bin ich voller Sehnsucht dort hingegangen und habe mir niemals wirklich einzugestehen getraut, dass diese Partys oft spießig und blöd waren, weil niemand mit Fremden redete, fremde Frauen nicht einbezogen wurden, Frauen auch dort Frauen abmusterten (bezogen auf Latzhosen und Vergleichbares) und sich dabei sogar noch ideologiefrei und offen fühlten. Ganz schön dreist!

Ich hatte Angst vor den Superfeministinnen oder den radikalen Lesben. Wir wussten natürlich, dass Sigmund Freud verkündet hatte, dass wir alle bisexuell veranlagt seien, uns nur nicht trauten, es auszuleben. Also waren besonders die lesbischen Liebespaare en vogue, da sie Theorie (die Ablehnung von Männern) und Praxis verbanden, Trendsetterinnen waren. Doch auch hier subtile Differenzen: Die schon immer lesbisch Gewesenen, die sich nun an die Öffentlichkeit trauten und feministisch argumentierten, die immer noch halbversteckten Lesben und die Neumodischen, Neubekehrten, die „Bewegungslesben" – hinzu kamen noch die vielen Nuancen in Bezug auf Männerhass und -ablehnung. Wer da nicht durchblickte, war schnell außen vor und stigmatisiert.

Ich war schon 15 bis 20 Jahre frauenbewegt, als mir erstmals dämmerte, wie böse und entwertend auch Frauen sein können. Das Ausmaß meiner eigenen Ausblendung war extrem und – vom heutigen Standpunkt aus betrachtet – höchst bemerkenswert! Erst nach meinem fünften oder sechsten Buch fiel mir auf, dass bei jedem Erscheinen eine meiner „besten" Freundinnen ein halbes Jahr nicht mit mir gesprochen hatte, erst ganz allmählich konnte ich es als Neid und Missgunst benennen.

Oder die Rivalität untereinander. Die Geschichten sind Legenden, dass Frauen, sobald sie an die Macht (eines Magazins, in einer Rundfunkanstalt) gekommen waren, mühsam, mühsam von anderen Frauen in jahrelanger Gewerkschafts- oder Gremien-Arbeit dort hinaufgeschoben, nichts anderes zu tun hatten, als besonders bösartig zu den Schwestern zu sein! „Frauen sind Biester – vor allem untereinander. Die Solidarität unter Frauen ist so unterentwickelt, dass man sich wirklich fragen muss, wie ausgerechnet diese missgünstigen Weiber jemals auf die Idee kommen konnten, dass Männer ihre Macht freiwillig mit ihnen teilen werden", giftet Barbara Bierach.

Frauen in Chefpositionen tun sich besonders schwer, andere zu loben, denn sie meinen ja meist, selbst „Opfer" der Verhältnisse zu sein. Ein „Opfer" fühlt sich entweder nicht in der Lage oder ist mit den Kolleginnen zu intim oder fühlt sich selbst von ihnen nicht genug geliebt oder ... um anderen etwas Gutes zu sagen! Ein großes Defizit! Auf der anderen Seite möchten Frauen besonders von Chefinnen gelobt werden, haben eine Mutterübertragung oder erwarten diffuse Frauensolidarität. Interessant war vor Jahren eine Befragung, die ergab, dass Frauen Gynäkologinnen „gröber" fanden. Die Erklärung war: Weibliche Ärzte sind nicht generell gröber, nur die Erwartung der Frauen ging in Richtung Sanftheit. Doch medizinische Handgriffe sind nicht immer sanft zu machen, was man einem Mann als „normal" durchgehen ließ, wird einer Ärztin jedoch als Grobheit vorgeworfen!

Ein anderer Aspekt: „Weibliche Kämpfe sind fast immer von Rache motiviert. Rache will etwas Falsches richtig stellen, einen Ruf retten, die Toten verteidigen. Energie ist jedoch sehr viel besser in den Versuch investiert, für etwas zu kämpfen, zum Beispiel für das Recht, interessante Arbeit zu machen. Für sich selbst oder die eigenen Ziele zu kämpfen, ist nicht egoistisch. Denn wenn Frauen mehr haben, können sie auch mehr geben, befreit von dieser Geisteshaltung der Furcht, die immer flüstert: ‚Werde ich genug Zeit, genug Kraft, genug zu geben haben?'", schreibt Harriet Rubin in ihrem legendären Buch „Machiavelli für Frauen. Strategie und Taktik im Kampf der Geschlechter".

Erschwerend kommt natürlich hinzu, dass Frauen viel nachtragender sind, viel abhängiger von guten Beziehungen, viel verstrickter in Konflikte, viel weniger humorvoll und meist völlig ohne Selbstironie, ewig um sich und ihre Außenwirkung kreisend, während Männer besser trennen können zwischen Sachthemen und eigener Problematik. Fabelhaft! Wohltuend! Kreativ und weiterbringend!

Exkurs: Frauen in der DDR

Bisher sprach ich fast nur von West-Frauen, werde es auch weiterhin meist tun, weil es meiner Sozialisation entspricht. Doch natürlich haben uns damals auch die Ost-Frauen interessiert. Es gab in den 70er Jahren an der Hamburger Universität etliche Seminare speziell zum Thema Literatur aus der DDR, unter besonderer Berücksichtigung von Frauenliteratur: Christa Wolf, Irmtraud Morgner und das Kultbuch „Leben wär' eine prima Alternative" von Maxie Wander. Ebenso wie ihre Interviews mit Frauen in „Guten Morgen, du Schöne" (1979), zwei Jahre nach ihrem frühen Tod erschienen. Was wir daraus über das Leben der DDR-Frauen gelernt und erfahren haben, ist mir heute nicht mehr wirklich greifbar: „Irgendwie" empfanden wir sie als emanzipierter, weil die meisten arbeiteten, doch auch als feministisch nicht so „erleuchtet", weil wir von einer dortigen Frauenbewegung nichts hörten. Als Mütter fanden wir sie problematisch, weil sie ihre Kinder nach sechs Wochen oder einem Jahr bereits ganztags in die Krippe gaben oder sogar in die Wochenkrippe von Sonntagabend bis Samstag.

Wie haben das eigentlich die westdeutschen DKPler auf die Reihe gekriegt? Im Westen das Credo der absolut gewaltfreien Erziehung in den antiautoritären Kinderläden, bis hin zur hirnrissigen Beliebigkeit und Nichterziehung. Gleichzeitig schwärmten sie vom paramilitärischen Drill in der DDR! Welch ideologischer Spagat war notwendig, um diese Verrenkung und Gleichzeitigkeit zustande zu bringen und alle negativen Aspekte wie die Mauertoten, die Stasimachenschaften und den offiziellen Menschenhandel zu rechtfertigen? Heute erscheint mir das wie eine innere Spaltung!

Nach der Demokratisierung der DDR und dem Anschluss an den Klassenfeind in Westdeutschland brachte Katrin Rohnstock das Buch „Stiefschwestern. Was Ost-

Frauen und West-Frauen voneinander denken" heraus. Und sie stellte fest, dass die „soziale Praxis der DDR massenhaft einen Frauentyp hervorgebracht hat, der mit größter Selbstverständlichkeit nach einem Leitbild lebte, das sich heute in allen Industrieländern als das zukunftsweisende durchzusetzen begonnen hat.

In Einstellungen und Alltagspraxis der ostdeutschen Frauen findet sich vereint, was seit der industriellen Revolution zwischen den Geschlechtern wie zwischen den sozialen Schichten aufgespalten war: Bildung – Berufstätigkeit – finanzielle Unabhängigkeit – Haushaltsführung – Kindererziehung. Wo die westdeutschen Frauen als Erfahrungskollektiv noch nach Vermittlungen zwischen traditionellen und feministischen Rollenbildern suchen, schwankend zwischen rhetorischer Kraftmeierei („Männer – wozu?") und unangebrachten Minderwertigkeitsgefühlen („Bin ich als Mutter noch sexy?"), wo der kollektive Diskurs über das Geschlechterverhältnis manisch-depressiv von einem Extrem ins andere fällt, kann die Ostdeutsche schmunzeln oder gelangweilt abwinken – nicht ihr Thema", schrieb Rohnstock in „Psychologie heute".

In der Tat, es war so etwas wie eine manisch-depressive Stimmung in der Frauenbewegung. Bei vielen, selbst jüngeren Frauen ist dies offensichtlich so geblieben. Ein neuer Sozialisationstypus? Wie sollte auch eine Mitte gefunden werden nach diesem beispiellosen Zickzackkurs? Erst die emotional unterdrückten, vielfach seelisch missbrauchten Kinder durch die preußische und nationalsozialistische Erziehung, dann die emotional ausgehungerten Kinder der Nachkriegszeit, die grenzenlosen Westkinder, die stark reglementierten, autoritär erzogenen Ostkinder und schließlich die Ära des narzisstischen „Fit and Fun" mit den bis heute anhaltenden Eitelkeiten der 8oer und 9oer Jahre im Westen, die ziemlich rasch in den Osten rübergeschwappt ist. Und gleichzeitig dieses Manisch-Depressive bei den Frauen: himmelhochjauchzend-zu-Tode-betrübt, kränkbar ohne Ende, aber hart im Austeilen und oftmals in vielen Lebenssituationen zutiefst unglücklich.

Mit der angesprochenen ostdeutschen Sozialisation, jenseits von Konsumrausch und eitler Selbstbespiegelung, FKK-erfahren, Spitzensportlerin oder Traktorführerin (auch wenn Frauen in der DDR weit weniger als Männer verdienten), selbstbewusst und selbstverständlich erwerbsfähig, scheint die ostdeutsche Frau besser gerüstet für den dynamischen Arbeitsmarkt, aber auch für die Arbeitslosigkeit, die Veränderungen erzwingt. Abzulesen an den Daten des Abwanderns in den Westen, den Arbeitsplätzen hinterher: Besonders viele junge Frauen tun dies – natürlich auch mit den problematischen Folgen, dass der Osten immer menschenleerer wird, weil diese taffen jungen Frauen ihre Kinder dann im Westen bekommen und wohl nur selten zurückkehren werden.

Katrin Rohnstock betont, dass sich aber auch die Männer im Osten seit den 6oer Jahren stärker verändert haben als im Westen, seitdem ein neuer „Geschlechtervertrag", natürlich mit Zähneknirschen und Frustrationen, ausgehandelt wurde. „Der alltägliche Umgang zwischen Frauen und Männern in der DDR hat von dieser Balance der Geschlechter offensichtlich profitiert: Er erschien vergleichsweise entspannt, nahm vielfach kollegiale und freundschaftliche Züge an und ermöglichte es den Frauen, einen um die Schulter gelegten männlichen Arm nicht zwangsläufig als sexuelle Belästigung zu betrachten."

Männermacht und Männerohnmacht

Aus den USA kommen Zahlen, die belegen, dass Männer im Durchschnitt sechs Prozent länger als Frauen für die Familie arbeiten. Ich betone: Außerhäusliche Arbeit wurde ebenso wie Haushalt und Kinderbetreuung mitgerechnet, aber natürlich auch Rasenmähen, Reparaturarbeiten, Steuererklärungen und der Versicherungskram, den wiederum Frauen selten als Arbeit ansehen.

Die Hälfte des Himmels und aller Macht forderte – zu Recht – die Frauenbewegung. Okay, sagt der Soziologe Paul-Hermann Gruner, doch dann bitte auch die Hälfte der Kanalreinigungs-, Müllmänner-, Schlachter- und Bergarbeiterjobs sowie die Hälfte aller Nachtschichten. Generell, stellt Gruner fest, machen Männer die „schmutzigsten, gefährlichsten, schwersten und schlechtest beleumundeten Jobs". Auch sind von den 25 miserabelsten Jobs in den USA 24 Männerjobs (Rettungswesen, Dachdecker, Landwirte).

Deutlich wird dies besonders daran, dass Männer 95 Prozent aller tödlich verlaufenden Berufsunfälle erleiden! Doch in Gesprächen unter Frauen wird lediglich über die unaufgeräumten Socken der Männer geredet, gelästert, gestöhnt.

Lionel Tiger bemerkt in seinem „Auslaufmodell Mann", dass 78 Prozent aller Prügelopfer Jungen und auch die amerikanischen Mordopfer zu 84 Prozent Männer seien. Das heißt, in erster Linie werden Männer von Männern ermordet! Sogar an Krebs sterben Männer sehr viel häufiger, ohne dass es Sonderforschungsbereiche dazu gäbe. Denn erst im Jahr 2001 fand in Wien der „Erste Weltkongress zur Männergesundheit" statt, um zu ergründen, warum Männer im Durchschnitt sieben Jahre früher als Frauen sterben, was ja nicht gerade für ihre Macht spricht.

Krieg war immer eine Männerveranstaltung. Doch wer die Macht hatte, ließ sterben, ließ morden, ließ verstümmeln, und Opfer waren die Millionen rechtloser Soldaten, die bei Fahnenflucht sofort erschossen wurden. Die Macht hatte eine winzige Minderheit – Männer, ja, die jedoch nicht das andere Geschlecht, sondern die eigenen Brüder in den Schlamm der Vernichtung warfen. 95 Prozent der Männer waren immer machtlos, aber sie wurden ins Feuer geschickt. Es ist erstaunlich, aber Paul-Hermann Gruner stellt zu Recht fest: „Frauen machen sich so gut wie nie bewusst, mit welcher Totalität das ‚Patriarchat' Männer erfasst, benutzt, funktionalisiert, instrumentalisiert. Dagegen leben Frauen international unter einer Glocke der Behütetheit. Trotzdem hieß Krieg nie Männertöten. Genauso wenig wie Verdun als soldatischer Holocaust gilt – also als Ort der Vernichtung nach Plan und vorheriger Selektion –, sondern als ‚Feld der Ehre'."

Die meisten Soldaten, aber auch die meisten Kriegstoten, Kriegsgefangenen, Deserteure und Pazifisten, die meisten Kämpfer für die Freiheit, die meisten Dissidenten und Folteropfer sind Männer.

Wir sind es gewohnt, dass Männer sterben, durch die ungezählten täglichen Toten in den Medien der Unterhaltungsbranche gewöhnen wir uns daran! Da sind es zu 98 Prozent Männer. Stellen wir uns einmal einen klassischen Western vor, in dem sich in einer einzigen Szene rund 500 Indianerinnen und Cowgirls gegenseitig abschlachten würden. Doch haben uns Männer, nämlich Filmproduzenten, Regisseure, nahegebracht, dass es völlig normal sei, dass Männer zu Tode kommen.

Gruner verweist darüber hinaus aber auf einen ungeheuren Umstand, über den wir in der täglichen Presse einfach hinweglesen: Jährlich sterben in der russischen Armee zu Friedenszeiten tausende von jungen Männern: durch Suizid. Wegen des bestialischen Kastensystems, jahrelanger Kontaktsperre oder durch Folter von ihren Kameraden. Es hat sich eine Gruppe von russischen Müttern dieser gestorbenen oder ermordeten Rekruten zusammengefunden, die einfordert,

von den Dienststellen wahrheitsgetreu über die Vorkomm-
nisse informiert zu werden. Zu Recht, doch wie Gruner bitter
anmerkt: „Über das Recht, seelisch, geistig und körperlich
heil über eine Zwangs-Dienstzeit, die eine Gesellschaft nach
Geschlecht zuweist, hinwegzukommen, wird keine Sekunde
lang debattiert. Wäre die Welt so ruhig, wenn so viele Frauen
– etwa von einem verpflichtenden „sozialen" Jahr – einfach
nicht wiederkehrten?" Als ich mich mit diesen Opferaspekten von Männern
befasste, wurde mir bewusst, wie einseitig unsere Welt- und
Mediensicht ist, wie uneinfühlsam wir – das heißt Männer
und Frauen – mittlerweile mit Männern und ihren Schicksa-
len umgehen, als seien sie alle Täter, als seien sie alle in
Machtpositionen, als hätten sie keinerlei Gefühle und als
gäbe es keine schwerwiegenden Gründe, wenn sie diese
Gefühle abspalten müssen!
Überspitzt gesagt: Das Patriarchat schadet eher den Männern als den Frauen!
Wobei Männer ja auch noch andere Ohnmachtserfahrun-
gen machen. Männlich zu sein ist ein echtes Gesundheits-
risiko, wie der Londoner Kinderpsychiater Sebastian Kraemer
2003 in „GEO" konstatierte.
Kleine Jungen sterben häufiger als Mädchen, sowohl im
Säuglingsalter, beispielsweise am plötzlichen Kindstod, als
auch im Kleinkindalter. Sie erleiden sehr viel mehr Unfälle und
haben häufiger Asthma. In ihrer Entwicklung sind sie schon
als Säuglinge mehrere Wochen hinterher und brauchen mehr
Zuwendung als Mädchen, was sie jedoch auch wegen ihrer
stärkeren Muskelmasse und ihres robusteren Aussehens
nicht immer bekommen. Jungen leiden drei- bis viermal häufiger als Mädchen unter Entwicklungsstörungen und Verhal-
tensauffälligkeiten wie Hyperaktivität (95 Prozent), Konzen-
trationsschwäche, Autismus, Stottern und Bettnässen. Kraemer nimmt an, dass ein- bis zweijährige Jungen bereits weniger Stresstoleranz haben, auch können sie ihre seelischen

Probleme weniger gut in Worte fassen, weswegen sie sich als Erwachsene viel später als Frauen (oft zu spät) Hilfe von Ärzten und Therapeuten holen. Jungen haben außerdem ein weniger gut ausgeprägtes Körpergefühl, sie gehen achtloser und weniger vorsichtig mit sich selbst um, was in grauer Vorzeit für das Überleben der Familie notwendig war, aber damals wie heute oft ein tödlicher Nachteil ist.

Zum Thema Hyperaktivität gibt es eine interessante These von Manfred Gerspach, einem Psychoanalytiker. Wir wissen, dass sich bei drohender Gefahr der Mensch entweder besonders aktiv oder besonders passiv verhält um zu überleben. Männer reagierten eher aktiv, ihr ganzer Körper wird in Alarmbereitschaft versetzt (Pulsfrequenz, Blutdruck, Muskeltonus). Bis heute reagieren Jungen nach diesem Muster mit erhöhter Aktivierung des zentral gesteuerten peripheren und autonomen Nervensystems, auch wenn die Gefahren eher emotionaler Art sind. Oder wenn sie nur fantasiert werden, weswegen der massive Konsum von Gewaltdarstellungen in den Medien auch so katastrophale Folgen besonders bei ihnen zeigt.

Gerspach erklärt diesen Mechanismus folgendermaßen: „Meines Erachtens dient die hyperkinetische Motilität dem Zweck, einer paralysierenden Gefahrensituation entgegenzuwirken. Es ist die panische Überreaktion eines zutiefst erschrockenen und von ohnmächtiger Lähmung bedrohten Kindes. Mädchen erstarren, Jungen machen mobil. Dies ist der körperliche Ausdruck von Ohnmacht im Zusammenhang mit problematisch erlebten innerfamilialen Interaktionsformen." Das heißt, dies sind Formen von quälenden Machtlosigkeitserfahrungen der Jungen, welche natürlich nur schwer auszuhalten sind und wiederum Sanktionen, Demütigungen und Frustrationen in der Schule oder unter den Gleichaltrigen nach sich ziehen.

Die Schulkarrieren von Jungen verlaufen immer negativer, ja katastrophaler, je mehr sie männliche Tugenden vermissen müssen und weder Vorbilder noch Utopien für sich selbst entwickeln können. An Gymnasien sind 45,6 Prozent der Schüler Jungen, an Sonderschulen 63,6 Prozent; Jugendliche ohne Schulabschluss sind zu 65 Prozent männlich, jedoch nur 44 Prozent aller Abiturienten sind männlich. Von 10.377 Strafgefangenen unter 25 Jahren waren 1997 lediglich 295 weiblich. Und auch in den Kinderpsychiatrien sind überproportional viele Jungen. All das, selbst die hohen Kriminalitätsraten, zeugen eindeutig nicht von Stärke und keineswegs von Überlegenheit! Zurzeit sind in den USA T-Shirts mit folgender Aufschrift der Renner: „Jungs sind dumm. Werft Steine nach ihnen", berichtete 2005 der „Focus". – Bei aller Härte der jahrzehntelangen Auseinandersetzungen mit zementierten männlichen Strukturen: Das haben wir nicht gewollt!

Die Suizidrate ist in allen Altersphasen beim männlichen Geschlecht höher als bei Frauen: Von den 10.733 Suiziden im Jahr 2004 in Deutschland wurden 7939 (74 Prozent) von Männern und 2794 von Frauen begangen. Und wo ist das Männer-Sonderforschungsprogramm? Nach Scheidungen nehmen sich Männer sechsmal so häufig das Leben wie Frauen. Doch die „Süddeutsche Zeitung" formulierte noch 2005: „Schluss! Wenn Frauen verlassen werden, heulen, schreien, verzweifeln sie. Und manche sterben daran. – Aus! Wenn Männer verlassen werden, flehen, toben, saufen sie oder kriegen Depressionen. Und manche morden sogar." Werden Generalisierungen genügend häufig wiederholt, entstehen positive Glaubenssätze, so genannte Kognitionen daraus. Das sind Vorurteile oder Mythen!

Wir sind es gewohnt, Männer als Unterdrücker und Sklavenhalter zu betrachten. Doch „nie in der Geschichte gab es eine herrschende Klasse, die arbeitete, um sich Diamanten leisten zu können, die sie den Unterdrückten geben konnte, in der Hoffnung, dafür von ihnen geliebt zu werden. Frauen sind die einzige ‚unterdrückte Gruppe', deren ‚unbezahlte

Arbeit' sie in die Lage versetzt, für fast fünf Milliarden Dollar jährlich Kosmetika zu kaufen und die zu allen Tageszeiten mehr fernsieht als ihre ‚Unterdrücker'. Die privilegierteste Gruppe, die es je in der Geschichte gab, ist die weiße Amerikanerin der Mittelklasse", polemisiert Warren Farrell in seinem Buch „Mythos Männermacht". Er hat ja Recht! Sie wird finanziert vom Mann oder vom Staat, hat die Handlungs- und Meinungshoheit über die Sexualität, die Schwangerschaft und das Sorge- und Aufenthaltsbestimmungsrecht der Kinder, sie steht unter „Artenschutz", als sei sie eine aussterbende Spezies, wie Barbara Bierach spottet. Mit dem Mutterschaftsmythos kann sie Ungerechtigkeiten, die zum Himmel schreien, gegen Männer und Kinder ganz cool durchsetzen! Sie braucht, so sie Hausfrau ist, noch nicht einmal zu rivalisieren – tut es dann lediglich auf den Gebieten Schlankheit, Fitness und neuestem Wohndesign – als hätte die Welt keine anderen Probleme. Und sie erzieht ihre Söhne zu Paschas und die Töchter zu Diätkrüppeln!

Opfermentalität

„Früher war es üblich, dass Mehrheiten Minderheiten überwältigten. Heute ist es umgekehrt. Die erfolgreichste Strategie im multikulturellen Machtkampf ist es, sich als Opfer darzustellen – als Opfer der Verhältnisse, als Opfer der herrschenden Mehrheit", stellte Dieter Prokop bereits im Jahr 1995 fest.

Es gibt da diesen gemeinen Witz, wonach eine lesbische, alleinerziehende, arbeitslose Mutter, die Vegetarierin ist, so viele dieser Opfermentalitätspunkte auf sich versammelt, dass sie auf der Stelle einen Job bekommt und durch das demnächst strafbewertende Diskriminierungsverbot auch noch gefördert und umsorgt wird. Woher kommt eigentlich das Bild einer kleinen und gefährdeten Minderheit, die des „Artenschutzes" bedarf? Oder haben Sie das innere Bild einer Mehrheitsposition vor Augen? Doch diese Minderheit, die in Wahrheit und nach Zahlen eine Mehrheit ist, macht seit 1949 sogar die Mehrheit des Wahlvolkes aus! Ist also in der Mehrheit dafür verantwortlich, wer gewählt wird, welche Frauen auf welche Posten kommen. Aber nein, die Wählerin berücksichtigt eher das Charme-Potenzial und die Krawattenfarbe des männlichen Kandidaten, als dass sie um der Frauenthemen willen die vielleicht unscheinbare Schwester wählt, die möglicherweise Konkurrenz- und Neidgefühle weckt. Alle Parteifrauen können davon ein Lied singen, ein sehr, sehr bitteres!

„Leiden ist Macht. Leiden wird ernst genommen inmitten der Krankenkassen-Mentalität einer Mediengesellschaft, die mit Nachrichten aus dem Jammertal ihre Auflagen und Einschaltquoten hinbekommt", so Paul-Hermann Gruner. Also leiden wir Frauen oder stellen uns zumindest so dar! Mehr noch: Unsere Opfermentalität wird von den Medien gefördert, wir sind geradezu darauf fixiert! Deswegen das ewige Gereizt-Sein, diese (unterdrückten, lediglich an den Männern ausgelassenen) Aggressionen, diese miese Stimmung zu Hause? Verena Kast beschreibt in ihrem klugen Buch „Abschied von der Opferrolle" die Vorteile, die wir aus dem Leiden ziehen: Der Opfertyp ist ein/e Konfliktvermeider/in, ein oder eine Jasager/in. Nach außen schlagen sie sich gern an die Brust ob ihrer Fehler oder beharren auf ihrem schlechten Gewissen (welches sehr oft ein wunderbares Ruhekissen und keineswegs das Gegenteil ist!). Oder sie meinen völlig in Ordnung zu sein, alle anderen (zumindest alle Männer) natürlich nicht! Dabei ist gerade unter Freundinnen interessant zu beobachten, wenn über Männer hergezogen wird: „Die dümmsten, ungebildetsten und scheußlichsten Frauen können die herzlichsten, freundlichsten und intelligentesten Männer kritisieren und niemand sagt etwas dagegen", so die Schriftstellerin, Nobelpreisträgerin und Feministin Doris Lessing.

Opfer haben schnell Schuldgefühle und machen noch schneller den anderen welche, nach allen Regeln der nicht funktionierenden und nicht erwachsenen Kommunikation: Ich bin unglücklich, aber du musst selbst herausfinden, weswegen! Wunderbar diffus, die Atmosphäre vergiftend, den Ärger herunterschluckend, aber voller Vorwürfe. Denn Opfer zeigen selten ihre Aggressionen, dazu sind gerade Frauen zu fein oder angeblich zu sensibel. Auch haben sie wenig „Wuttoleranz", wie Verena Kast es nennt.

Eine besonders perfide Spielart ist die passive Aggression: Das Durch-den-anderen-hindurch-Sehen bei Streitigkeiten, das Weggehen aus dem Konflikt, das ständige „Ja, ja" sagen, aber nicht zuhören und nicht reagieren. Dieser Opfertyp vermittelt das Gefühl, dass man sich nicht auf ihn verlassen kann, auch schafft er ein diffuses Rache- und Bestrafungsklima, selbst wenn der ursprüngliche Anlass nicht mehr vorhanden ist. „Es handelt sich dann um so etwas wie eine generalisierte, grundsätzliche Rache und Bestrafung, weil man in so vielen Konfliktsituationen gerade nicht fähig war, den Ärger angemessen zum Ausdruck zu bringen und den Konflikt auszutragen" (Verena Kast). Diese Haltung kann das Ergebnis von akuten Verletzungen sein oder aber eine Frage der Persönlichkeit; sie entsteht durch Entwertung, so dass der passiv Aggressive nun seinerseits ständig die anderen entwertet. Beate Kricheldorf schreibt in ihrer glasklaren und unerbittlich deutlichen Analyse „Verantwortung: Nein danke! Weibliche Opferhaltung als Strategie und Taktik" über das Verwirrspiel zwischen den Geschlechtern Folgendes: „Der Feminismus ist männerfeindlich, aber nicht männerverachtend, denn Männer werden ja ungeheuer wichtig genommen, indem ihnen alle Macht und Verantwortung zugeschrieben wird. Sie sind Bösewichte im Sinne von Tyrannen, Herrschern und dergleichen (was Männern offenbar ganz gut gefällt). Die scheinbare Frauenfreundlichkeit des Feminismus ist in Wahrheit Frauenverachtung und -entmündigung. Wenn Frauen suggeriert wird, dass sie keinerlei Eigenverantwortung haben, keine Entscheidungsfreiheit oder Einfluss auf ihr Schicksal, sondern vollständig fremdbestimmt sind (von einer Männerwelt, von ihrer Sozialisation usw.), ist das schlichtweg frauenverachtend. Opferhaltung aus Berechnung und Einflößen von Schuldgefühlen ist ein uralter Trick. Frauen haben sich darin zu Perfektionistinnen entwickelt, so dass Männer diesen Trick nicht bemerken."

Und die Männer fühlen sich ob der dominierenden Mütter und Ehefrauen tatsächlich in einer Opferrolle, ducken sich einfach weg, lösen die Konflikte ebenso wenig kreativ und aktiv, was die Spirale der Frustrationen, der Entfremdung erneut in Gang setzt. Zumal wir alle, Frauen besonders, lieber einen persönlichen Feind haben als uns die Mühe zu machen, die Verhältnisse zu analysieren und dagegen anzukämpfen! Denn: Beide Geschlechter sind eher ohnmächtig als mächtig!

„Der Circulus vitiosus ist hier tatsächlich so schwierig aufzuheben, weil bei beiden Geschlechtern jedes gleichzeitig das

Opfer des andern und seiner selbst ist. Das Komplizierte die-
ser ganzen Angelegenheit rührt daher, dass jede Seite der
Komplize ihrer Gegenseite ist", erkannte schon Simone de
Beauvoir in ihrer berühmten Analyse „Das andere
Geschlecht. Sitte und Sexus der Frau".

Auch mit einem anderen Aspekt ist die Opferrolle verknüpft: Mit der Grandiosität, dem Wegdriften in die Vorstellung reich, mächtig, erfolgreich, der oder die Allertollste zu
sein ... Im neurotischen Bereich gibt es häufig die Konstella-
tion, dass Menschen ihren Helfern deutlich machen, dass
deren Hilfe nicht ausreicht, sie nicht einfühlsam oder kom-
petent genug sind, dass ihre Situation so einmalig sei, dass
keine Hilfe gut genug sein könne. Wiederholt sich das, kann
man von einer Idealisierung der Opferrolle sprechen: Man stilisiert sich zu einem grandiosen, einmaligen Opfer, dem niemand helfen kann (weswegen man so neurotisch bleiben
darf!). Doch die Folgen liegen auf der Hand: Wird keine Hilfe
angenommen, wächst das Selbstmitleid, die Negierung und
Ablehnung aller Hilfsangebote oder Vorschläge wird zum Ste-
reotyp. Es wird notorisch geklagt um des Klagens willen. Es
ist „eine Art verfehlter Empathie mit sich selbst. Statt sich zu
bemitleiden, wäre es wichtig, in einer so schwierigen, beschä-
menden Situation mit sich selbst wirklich empathisch zu sein.
Dann würden vielleicht Ideen auftauchen, wie man sich aus
dieser Opferposition herausbewegen kann", erkennt Verena
Kast.

Besonders deutlich wird dies bizarrerweise beim Opfer-
verhalten geschlagener Frauen. Alle Frauenhausfrauen können ein Lied davon singen, dass gerade gequälte Frauen,
nachdem sie sich wieder erholt haben, erneut zu ihren angeblich nur peinigenden, schlagenden Männern zurückkehren.
Und nicht nur ein oder zwei Mal, nein manchmal über Jahre
und Jahrzehnte. Würde das ein Mann tun: Nachdem er einmal Prügel eingesteckt hat, wieder zu seinem Peiniger zu
gehen? (Wir wissen noch zu wenig über schlagende Ehefrau-

en und einsteckende Männer, einige Untersuchungen sprechen von einer mittlerweile erreichten „Ausgeglichenheit"!)

Fallbeispiele

Dazu einige Blitzlichter aus meinem Fundus an erlebten und recherchierten Geschichten, die wohl jeder mit eigenen anreichern kann: Anekdoten, Absurditäten, Spotlights auf interessante Interpretationen in der Gemengelage der Geschlechter.

Beispiel vier

Eine junge Familie. Die Frau ist Historikerin, sie bleibt freiwillig zu Hause bei den Kindern. Dreimal in der Woche ruft sie panisch ihre Babysitterin an, weil sie es nicht schafft, die Kinder (vier und fünf Jahre) allein ins Bett zu bringen. Als Therapeutin konstatiert man dann ganz frech: Nicht können heißt nicht wollen. Abends räumt der Mann resigniert den Frühstückstisch ab, aber er darf sich nicht darüber beschweren, dass seine Frau ihren Teil des gemeinsamen Familien-Vertrages nicht erfüllt hat. Für ein Eheleben bleibt sowieso keine Zeit, Sexualität findet nicht mehr statt. Frage: Was ist los bei uns, dass ein körperlich und geistig gesunder, kluger junger Mensch sich so von zwei netten Kindern tyrannisieren lässt, die (vermeintlich) nicht ins Bett zu schaffen sind, und die täglich anfallende Hausarbeit nicht bewältigt? Warum sind gerade junge Frauen so ratschlagresistent, dass sie keinerlei Austausch über praktische Kinder- und Haushaltsfragen mit Müttern oder älteren Freundinnen suchen – geschweige denn Ratschläge akzeptieren? Eine kleine Umfrage bei zehn gestandenen Therapeutinnen erbrachte: Niemand traute sich, den eigenen Töchtern, Schwiegertöchtern (um Himmels willen!), Schwägerinnen, besten Freundinnen auch nur einen Ton zum manchmal katastrophalen Umgang mit den eigenen Kindern zu sagen.

Seltsamerweise fühlen sich junge Eltern trotzdem ständig kritisiert, obwohl sich niemand traut! Wer es tatsächlich einmal tut, stößt auf wütende, heftige und ohrenverschließende Abwehr. Zunehmend wird dann der Kontakt zu Familienangehörigen oder Freunden radikal abgebrochen! Die Folge: Es ist für manche Mitmenschen nicht auszuhalten, mit jungen Eltern und deren Kindern gemeinsame Unternehmungen zu machen, weil man der Erziehungsunfähigkeit der jungen Leute einfach nicht zusehen kann. So haarsträubend sind die Szenen, die sich da abspielen. Entweder wird nur genörgelt und gemeckert oder alles endet in purer Anarchie, ohne dass Grenzen gesetzt werden. Eine Erwachsenenunterhaltung ist in solchen Fällen sowieso nicht möglich, geschweige denn, dass die Kinder in der Lage wären, manierlich zu essen, sich mit dem netten und anteilnehmenden Besuch zu unterhalten oder auch nur zuzuhören. Nein, sie werden aktiv (!) von ihren Eltern zu „kleinen Tyrannen" erzogen, wie Jirina Prekop schon 1988 konstatierte. Wie aber wollen junge Eltern ihre Kinder zu weltoffenen und toleranten Menschen erziehen, wenn sie selbst derart unoffen, um nicht zu sagen neurotisch, auf alles, was von außen kommt, reagieren und keine Vorschläge von anderen annehmen?

Oder anders herum, **Beispiel fünf**

Ein Ehemann wundert sich, ohne sich zu beklagen, dass seine Frau, nachdem sie ihren Acht-Stunden-Job auf täglich zwei Stunden Arbeit reduziert hat (ohne Kinder zu Hause!), plötzlich das Ausführen ihres Hundes als Arbeit bezeichnet. Sie beschreibt es ihm als eine ihrer schwerwiegenden, sie überlastenden Tätigkeiten, obwohl es ihr bei ihrem früheren Fulltimejob immer ein Vergnügen war! Und der Hund gehört ihr! Seine Gefühle dazu? Ein schlechtes Gewissen! Warum? Immer ein schlechtes Gewissen, hobbymäßig gepflegt, tief eingeimpft!

Da passiert eine interessante Umdeutung: Aus einer Freude wird Arbeit, aus Spaß wird Pflicht, aus Freiwilligkeit eine Schuldzuweisung. So lässt sich die Realität, die sich keineswegs geändert hat, aus der positiven in die negative Richtung umdeuten! Aber natürlich ließe sich das auch in die andere Richtung bewerkstelligen!

Beispiel sechs

Eine Frau verlässt über Nacht ihren Mann mit zwei Kindern im Alter von sieben und acht Jahren. Kann vorkommen, klar. Aber: Warum muss sie nie Geld für die beiden Kinder zahlen? Kein Gericht kann sie offensichtlich dazu zwingen. Sie will auch nicht arbeiten, hat wieder wohlhabend geheiratet und spielt lieber Golf. Warum müssen meist nur Männer Alimente zahlen?

Beispiel sieben

Eine matriarchale Familie. Schon in der dritten Generation werden Männer ausgesondert. Der Großvater nahm sich das Leben. Dem Ehemann, klar, selbst Schuld, entlockt die junge Frau drei Kinder (die Spirale hat sie zweimal ohne sein Wissen herausgenommen). Anschließend geht die Ehe in die Brüche, jetzt darf er zwar zahlen, aber seine Kinder nicht sehen, selbst Weihnachten nicht mit ihnen telefonieren. Weder Richter noch Sozialarbeiter unterstützen ihn, sein Recht auf Kontakt zu den Kindern durchzusetzen. Niemand hilft den Kindern, denen die Mutter einredet, dass der Boden, die Luft und das Wasser in der Stadt des Vaters „vergiftet" seien. Ein mittlerweile klassisches Argument von Elternteilen, die ihre Kinder (wie in Sekten) einer Gehirnwäsche unterziehen.

Niemand steht Kindern bei, wenn deren Recht auf Kontakt zu ihrem Vater und ihrer väterlichen Familie mit Füßen getreten wird. Einem Strafgefangenen wird das Recht auf Kontakt zu Familienangehörigen nur in äußersten Notfällen verweigert. Kindern wird der Kontakt täglich verweigert: Kontaktsperre findet überall in den Familien statt! Jedes zweite Wochenende wieder neu! Die Situation spitzte sich weiter zu, als bei den Kindern emotionale Verwahrlosung festgestellt wurde. Obwohl der von seinen Kindern heißgeliebte Vater sie dringend zu sich nehmen wollte und optimale Voraussetzungen zu bieten hatte, nahm sich das Gericht 18 Monate Zeit, um eine Entscheidung zu finden! Selbst die Tatsache, dass der zehnjährige Sohn wegen Suizidalität in die Psychiatrie eingeliefert werden musste, änderte nichts an dieser Tatsache. Außer dem Richter waren zwei Gutachterinnen, eine vom Gericht bestellte „Anwältin des Kindes", eine Therapeutin und ein Sozialarbeiter mit diesem Fall beschäftigt. Diese sechs angeblichen Fachleute schafften es nicht, die Besuchsregelung (jedes zweite Weihnachten zum Vater, in den Osterferien ebenso – ganz normal) gegen das Lavieren und Manipulieren der Mutter durchzusetzen. Wie in ungezählten Fällen: Eine Mutter hat in Deutschland die Macht, sechs Fachleute auszutricksen und alle Auflagen des Gerichtes zu torpedieren! In Frankreich würde sie wegen dieser Gehirnwäsche und der seelischen Misshandlung der Kinder dafür ins Gefängnis wandern und die Kinder kämen dauerhaft zum Vater! Und das nicht erst, nachdem ein kleines Kind lebensmüde geworden ist!

Die Psychoanalytikerin Christiane Olivier schreibt über die Mutterfixierung: „Eine Familie ohne Vater ist alles andere als der ideale Ort, um den neuen Mann zu schaffen. Der neue Mann, der der Frau gleichgestellt ist und sie ergänzt, kann nur aus einer Familie hervorgehen, in der nicht alle Macht in den Händen einer Frau liegt." Und so wird die Vaterschwäche oder -abwesenheit zu einem Teufelskreis: Der Vater wird „ausgesondert", was zur Mutterdominanz führt, also wiederum zur Schwächung des Sohnes und in der nächsten Generation wiederum zu einem schwachen, devoten Mann!

Dies sind keineswegs Einzelfälle. Viele Männer verhalten sich nach Scheidungen äußerst devot, kompromissbereit bis zum Zerbrechen, nur um ab und zu einmal – nach dem Gutdünken der Frau – ihre Kinder sehen zu dürfen. Und trotzdem nimmt der Hass der Frauen seltsamerweise nicht ab. Nach „normalen" Trennungen kann man sagen, dass die Kränkungen nach ein bis zwei Jahren soweit verarbeitet sein sollten (wie die Trauer nach einem Tod), so dass jede Partei ohne Hass an den anderen denken kann und auch das Gute wieder in die Erinnerung dringt, denn irgendwann war ja der andere Mensch das Allerliebste und Wunderbarste! Doch Frauen, die die Familie zerstören, die Kinder entführen, die Väter schlecht reden, die Termine und Gerichtsauflagen nicht einhalten, haben natürlich (irgendwo, hoffentlich!) ein schlechtes Gewissen, zumal sie oft sehen, wie schlecht es den Kindern geht. Zur eigenen Entlastung brauchen sie jedoch einen Sündenbock, und das ist vorzugsweise der Exmann. Und da es natürlich genauso viele unangenehme Exmänner wie Exfrauen gibt, aber Frauen sich sehr, sehr viel mehr darüber austauschen, ist die Mär vom schrecklichen, unpünktlichen, unzuverlässigen Exmann rasch bei der Hand und wird von allen geglaubt. Und da die Probleme bei den Kindern nach den Scheidungen oftmals zunehmen, nimmt der Hass nicht ab und wird vielmehr gepuscht von Zeitungsberichten und Erzählungen. Um ganz deutlich zu sein: Natürlich gibt es schlagende, prügelnde, misshandelnde Männer, aber von einer Minderheit auf die Mehrheit zu schließen nennt man Sexismus. Andersherum gibt es ebenso schlagende, prügelnde, misshandelnde Mütter ...

„Das Drama der Vaterentbehrung"

Was aus den kleinen Kindern wird, die in solch einer vaterlosen und sogar männerverachtenden Welt aufwachsen, hat der Psychoanalytiker Horst Petri in seinem sehr klugen Buch „Das Drama der Vaterentbehrung. Chaos der Gefühle – Kräfte der Heilung" beschrieben: Fehlt der Vater, fehlt ein Stück der Seele.

Er hält uns vor Augen, dass die Frauenbewegung die Väterabwesenheit zunächst überwinden wollte, indem die jungen Männer ins Familienleben und in die Kinderbetreuung eingebunden wurden. Dann jedoch wurden die individuellen Väter verunglimpft und zu einer Verfügungsmasse (zur Samen- und Geldabgabe) reduziert. Einer ganzen Generation wurde die Idee der „Vaterunzulänglichkeit" eingeimpft, was schließlich die massenhafte Vaterlosigkeit herbeiführte, denn 80 Prozent der Scheidungen werden von Frauen eingereicht. Und damit wurde eine dritte und vierte Generation im 20. Jahrhundert von Vaterentbehrung gekennzeichnet. Der Erste Weltkrieg kostete 1,8 Millionen, der Zweite Weltkrieg 5,25 Millionen Soldaten im „besten Mannesalter" das Leben, die jeweils Millionen von vaterlosen Kindern hinterließen.

Horst Petri führt weiter aus, „dass es eine vaterlose Nachkriegsgeneration war, die der traditionellen Familie ideologisch und faktisch den ‚Krieg erklärte' und damit wiederum eine Kindergeneration gezeugt hat, von der große Teile ihre Väter durch den Krieg der Geschlechter verloren haben. Diese vaterverlassenen Kinder stellen die heutige Elterngeneration" dar, was seit 30 Jahren zu einer beschleunigten Flut von Scheidungen geführt hat.

Es gab und gibt viele Männer, die nach der Scheidung den Kontakt zu ihren Kindern abbrechen. Doch keineswegs immer nur aus egoistischen Gründen, sondern vielfach aus tiefen Scham- und Schuldgefühlen, zumal sie durch eine

Scheidung in ihrem Selbstbild tief verunsichert werden. Zu dem Selbstbild und dem Vaterideal gehört ja oft die Vorstellung von Verpflichtung, Schutz und Sorge, auch Loyalität der Familie gegenüber, die sie nun nicht mehr ausleben können. Oder sozusagen nur abstrakt durch die Überweisung der Alimente. Auch verzichten Väter, weil sie die Kinder im Nahkampf ums Sorgerecht schonen und schützen möchten. Sie üben damit eine letzte Schutzfunktion aus – so wie die eine, stärker liebende Mutter im Gleichnis vom Kreidekreis, die ihr Kind loslässt, um es nicht im Kampf mit der anderen Mutter zu zerreißen!

Doch brechen viele Väter den Kontakt ab, weil es für sie eine „Retraumatisierung" ist, das heißt, das eigene Trauma der Vaterverlassenheit wiederholt sich nun mit den Kindern. Aber um das eigene Trauma in Schach zu halten und sich selbst zu schützen, gibt es die unbewusste Möglichkeit der Gefühlsabstumpfung und Empfindungslosigkeit. Muss ein Mann sich derart schützen, ist er unfähig, sich in das den Kindern zugefügte Leid einzufühlen. Aber nicht aus Bösartigkeit, sondern aus tiefster eigener Not. Hinzu kommt oft, dass seine eigenen Bindungsfähigkeiten so zerstört wurden, dass schon deshalb keine innige Beziehung zu den eigenen Kindern aufgebaut werden konnte. Dann geschieht in diesen Familien ein so genannter Wiederholungszwang, der sich selten „von allein" auflöst, sondern vielmehr intensiver therapeutischer Bearbeitung bedarf.

Wie anders als traumatisch kann es in diesem Fall verlaufen: Eine junge Frau verlässt mit der dreijährigen Tochter ihren Mann wegen eines Liebhabers. Der Vater darf die kleine Tochter alle zwei Wochen nur jeweils zwei Stunden im Büro eines Sozialarbeiters sehen. Es liegen keine Gewalt-, Missbrauchs- oder sonstige Vorwürfe vor. Alles ganz normal, aber unmenschlich!

Petri konstatiert in Übereinstimmung mit fast allen Wissenschaftlern und Therapeuten, dass der Verlust des Vaters oder seine Entbehrung immer ein Trauma ist – mit den folgenden häufig auftretenden Formen der Verarbeitung: psychische Ertaubung, Gefühlskälte, Abstumpfung, eingefrorene Trauer und massivem Bindungsverlust.

Eine kollektive Form der Abwehr und Umwertung, nämlich von dem Schmerz über den Verlust der Väter in das Gegenteil, betrieb die Frauenbewegung, die die Vaterlosigkeit schließlich als Ideal ausrief und die Mütter als allein selig machende Erziehungsinstanz auf ihr Schild hob. Deswegen nennt Lionel Tiger in seinem Buch „Auslaufmodell Mann" diese neue Lebensform spöttisch „Bürogamie". Nicht Monogamie, nicht Polygamie, sondern Bürogamie – was so viel heißt wie: eine Mutter, ein Kind, ein Bürokrat (sprich: das Sozialamt).

Man bedenke, dass dieser Trend bereits vor 2000 Jahren begann, als nämlich Maria ohne das Zutun von Josef ein Kind bekam. Der irdische Vater war gar keiner. Er mag vergleichbare Zweifel wie heutige Männer gehabt haben, denen immerhin fünf bis zehn Prozent der Kinder untergeschoben werden – was für die Kinder meist zu lebenslangen Identitätskonflikten führt. Meiner Meinung nach ebenso wie durch bizarre und künstliche Lebensbeginnsituationen, sei es durch Leihmütter, aus der Retorte oder durch Samencocktails, oder wie die diversen Möglichkeiten heute aussehen! Ich betone: Jeder Mensch hat ein Recht auf einen Vater und das Wissen auf seine Abstammung. Denn sonst beginnt oftmals eine lebenslange Suche, so wie heute noch durch Kriegswirren verloren gegangene Kinder nach 60 Jahren ihre Wurzeln suchen. Und nicht richtig heimisch werden konnten in einer Welt, in der diese Wurzeln fehlten!

Der amerikanische Schriftsteller John Irving beschreibt in seinem Roman „Bis ich dich finde" diese lebenslangen Schmerzen, diese nie endende Suche. Nach elf Romanen, in denen fast immer ein Kind mit einem fehlenden, schmerzlich vermissten Elternteil vorkommt, verarbeitet er als 63-Jähriger dieses Lebensthema. Erst mit 39 Jahren hatte er aus alten Briefen des Vaters eine Wahrheit erfahren, die seine Mutter ihm immer verheimlicht hatte: Dass sein Vater nur zu gern Kontakt mit ihm, seinem Sohn gehabt hätte. Seine Mutter hatte dies verschwiegen, jeglichen Kontakt unterbunden und ihn in dem höchst peinigenden Glauben gelassen, dass der Vater sich nicht für ihn interessiere. Nach der Lektüre der Briefe benutzte er in seinem nächsten Buch „Gottes Werk und Teufels Beitrag" Passagen aus diesen Briefen, immer noch in der stillen, kindlichen Hoffnung, dass der Vater seine Bücher lesen könnte und so zu ihm fände. Doch erst 2001 nahm ein Halbbruder Kontakt zu ihm auf, der auch berichtete, dass der gemeinsame Vater genau zwei Jahre, bevor Irving mit diesem Roman begonnen hatte, gestorben sei. Und er sei keineswegs das Monster gewesen, als das ihn die Mutter stets dargestellt habe, bekannte der Autor in einem Interview.

Was passiert, wenn eine Frau ihr Kind alleine großzieht? Diese Mütter, die freiwillig oder unfreiwillig auf die Unterstützung eines Mannes verzichten, müssen nicht nur Verletzungen, Trauer und Wut der Kinder aushalten, sondern sich auch mit dem eigenen Scheitern, der eigenen Hilflosigkeit und Ohnmacht auseinandersetzen, was nicht selten in Ängste, Depressionen und Verzweiflung umschlägt.

Daraus entstehen häufig Gefahren, wie Horst Petri sie beschreibt:
1. Es kann zur Gefühlsabwehr und Gleichgültigkeit gegenüber dem Kind kommen.
2. Der Selbst- und Männerhass wird auf das Kind projiziert.
3. Das Kind wird als Bündnispartner missbraucht.
4. Mädchen erfahren eine zu starke Mutterfixierung, die ihnen eine heterosexuelle Beziehung später erschweren wird.
5. Jungen werden zum Partnerersatz, was in der Pubertät zu starken Hassgefühlen gegenüber der Mutter führen kann, wenn es niemanden gibt, der sie „männlich" unterstützt.

6. Die Rollen werden getauscht: Die Kinder müssen die Elternrolle für die eigenen Eltern einnehmen!

7. Die Kinder halten als Sündenböcke für das Scheitern der Eltern her.

8. Sie werden zum Lebensersatz gebraucht, nämlich als narzisstische Verlängerung des eigenen leeren Selbst.

Das psychoanalytische Modell der Triangulierung beschreibt die Wichtigkeit des Vaters, damit das Kind nicht nur ein Gegenüber – die Mutter – hat, sondern seine Wünsche noch einem zweiten Menschen gegenüber äußern kann. Ist dieser Zweite, der das Kind in jeder Lebensphase auch vor den mächtigen Anforderungen der Mutter schützen und das Eigene stärken sollte, nicht da, tritt verstärkt eine Angst vor allem Fremden auf, weil dieses Fremde als Bedrohung erlebt wird. Denn eine der wichtigen Aufgaben des Vaters ist es ja, dem Kind die Welt zu zeigen, es bei den unsicheren Schritten in unbekanntem Terrain zu stützen, zu schützen und zu ermutigen! Gegen die Angst der Frauen, die die Kinder oft im emotionalen Dunstkreis fest- und damit kleinhalten wollen – wie es uns alle „Muttersöhnchen" vor Augen führen! Gerade bei rechtsextremen Jugendlichen, die häufig keinen präsenten Vater haben, wird deutlich, dass ihre Angst vor der Welt, vor dem Unbekannten, dem Fremden sehr groß ist, so dass sie alles Fremde verteufeln müssen, wohingegen sie das Eigene, das Deutschtum und die Heimat idealisieren. Wie jedem offensichtlich ist, sind dies keine Positionen aus einer Stärke heraus, sondern aus einer tiefen Persönlichkeitsschwäche.

Aus den genannten Gründen ist es nicht verwunderlich – und seit langem bekannt –, dass eine klassische Reaktion von vaterverlassenen Jungen oft der Don Juanismus ist, also die Abwehr von bodenloser Einsamkeit durch immer neue, flüchtige Liebesabenteuer. Oder es entstehen schlaffe, mutlose Männer. Vaterverlassene Frauen neigen eher zu psychosoma-

tischen Erkrankungen (Essstörungen, Magen-Darmerkran-
kungen, Krebs) sowie zu heftigen, sich nur schwer auflösen-
den Hassgefühlen gegenüber der eigenen Mutter. Bei beiden
Geschlechtern kommt es zudem vielfach zu einer Blockierung
der psychosexuellen Entwicklung, der Intelligenz sowie der
Entwicklung von Gewissen und Moral, was weltweite Untersuchungen immer wieder belegen.

Aus Amerika, wo die Vaterentbehrung noch viel stärker als
bei uns mit bitterer Armut verknüpft ist, kommen folgende
Horrorzahlen: 63 Prozent der jugendlichen Selbstmörder, 71
Prozent der schwangeren Teenager, 90 Prozent der Ausreißer,
85 Prozent der Jungkriminellen und 75 Prozent der Drogen-
abhängigen kommen aus vaterlosen Familien.

Eine über acht Jahre geführte schwedische Untersuchung
an 65 000 Kindern zeigt: Nur bei einem Elternteil (zu 84 Prozent bei den Müttern) aufzuwachsen, erzeugt ein doppelt so
hohes Risiko für Jungen, die Jugend nicht zu überleben. Das
Risiko, an einer Suchtkrankheit zu sterben, war fünf Mal so
groß. Vier mal so groß wie bei der Vergleichsgruppe mit voll-
ständigen Familien war die Gefahr durch Gewalt, Stürze oder
Vergiftungen umzukommen. Mädchen aus Ein-Eltern-Fami-
lien wurden doppelt so oft Opfer von Gewalttaten oder begin-
gen Suizid. Todesfälle durch Alkohol- oder Drogenmiss-
brauch waren drei Mal so häufig wie bei Kindern mit beiden
Eltern. Auch in vielen anderen Untersuchungen zeigt sich,
dass der fehlende Vater ein gravierenderes Faktum bei der
Entstehung von Gewalttätigkeit ist als ethnische Zugehörigkeit oder Armut.

Wir wissen es seit langem: Die Gewalt von Jugendlichen
ist eine Notmaßnahme ihrer vergewaltigten Seelen. Ein Versuch, um inneren Schmerz, Ich-Schwäche, nicht erfolgte
männliche Identifizierung zu kompensieren. Dies sind Jungen, die ihre Männlichkeit nicht oder fast nur negativ erleben,
die ihre eigene Männlichkeit weder positiv ausleben noch in
sinnstiftende, kreative, die Welt verändernde Aktionen mün-

den lassen können. Nicht-zivilisiert im ursprünglichen Sinn, bricht bei Krisen die archaische Wut durch!

Doch wird auch immer sichtbarer, dass die häusliche Gewalt ebenso stark von Frauen wie von Männern ausgeübt wird, wohingegen sexuelle und politische Gewalt fast ausschließlich auf die Konten von Männern geht! Der Psychoanalytiker Josef Christian Aigner stellt Ähnliches in seinem Buch „Der ferne Vater" fest, nämlich dass „familiäre Konstellationen, in denen der Vater schwach, passiv oder abwesend ist, zu ähnlichen Konsequenzen führen können wie solche, in denen der Vater als autoritär oder repressiv erlebt wurde. Beides führt die Söhne häufig zu aggressiven ‚hypermaskulinen Verhaltensweisen', die im ersten Fall eines schwachen Vaters der Abwehr regressivweiblicher Identifikationen dienen, im anderen Fall als Ausdruck der Identifikation mit dem Aggressor gedeutet werden können."

Solange Väter nur fantasiert werden und nicht wirklich vorhanden und präsent sind, ist es problematisch. Und ein „Muttersöhnchen" wird nicht nur verachtet, sondern hat echte Probleme. Diese Männer halten sich einerseits für etwas Besonderes, denn sie werden ja in einem Übermaß bewundert und hofiert, stehen meist im Mittelpunkt ihrer Mütter und kommen dementsprechend wenig mit den harten Realitäten des Lebens klar. Sie werden als Partnerersatz inthronisiert und haben ständig das Gefühl: „Die Aufgabe ist zu groß für mich, ich bin dazu zu klein und unfähig." Auch dieses Versagensgefühl schwächt sie. Und die mütterliche Verachtung des Vaters schwächt sie ebenfalls zutiefst! Auch später, wenn sie eine Beziehung haben, ist es schwer, der Mutter Grenzen zu setzen. Sie geht im Schlafzimmer von Sohn und Schwiegertochter ein und aus, ganz wie es ihr beliebt! Mischt sich in alles ein und entwürdigt ihren Sohn und die junge Frau – früher oft bis zu ihrem Tod. Doch heute würde sich das keine Schwiegertochter mehr so lange gefallen lassen! Frauen als

Schwiegermütter: Ein schmerzhaftes, endloses Thema zwischen Macht und Ohnmacht, Intrige und Entwürdigung und vielfach gespickt mit unglaublichen Aggressionen zwischen den Frauen!

Die Entbehrung des Vaters, das betont der Psychoanalytiker Horst Petri immer wieder, muss kein Trauma hinterlassen und kann natürlich abgemildert werden durch kluge Mütter, durch liebevolle Stiefväter und männliche Ersatzväter, doch bleibt die Wunde dieser tiefsten Kränkung, von einem Elternteil „verlassen" worden zu sein, oftmals ein Leben lang bestehen. Oder sie wird kreativ aufgearbeitet, wie viele Wissenschaftler, Schriftsteller und Künstler, die vaterlos aufwuchsen, uns zeigen. Der französische Konzeptkünstler Christian Boltanski sagte es ganz dezidiert: „Man muss einen schlechten Vater haben. Das ist sehr wichtig, um gute Kunst zu machen. Man sagt so gern, mein Vater war wundervoll. Eines ist aber gewiss: Es gibt nur wenige Deutsche meiner Generation, die das sagen können. Deswegen gab es nach dem Krieg in Deutschland so viele gute Künstler."

Die holländische Autorin Connie Palmen schrieb in ihrem Roman „Ganz der Ihre": „Menschen, die ein gewisses Maß an Ruhm erworben haben, haben ein gemeinsames Merkmal: In diesen Leben hapert es irgendwie am väterlichen Blick, und der mütterliche Blick wurde überstrapaziert. Der Vater war nur zur Zeugung da gewesen und danach nicht mehr in Erscheinung getreten, er war immer zur Arbeit außer Haus gewesen oder war früh gestorben. Er war ein Tyrann und wie alle Tyrannen nur mit sich selbst beschäftigt. Ich begriff, dass jeder Biograph den väterlichen Blick verkörpert, an dem es im Leben des Protagonisten der Biographie gefehlt hat." Gravierend: Dieser fehlende liebevolle väterliche Blick führt geradewegs zur ewigen Frage vor dem Spiegel, ob frau schön und begehrenswert genug sei! Ebenso wie die Sucht und permanente Suche nach dem anerkennenden Blick, wie uns alle realen und medialen Eitelkeiten täglich zeigen. Doch – leider – wird diese Sehnsucht meist nie gestillt, wenn so ein Defizit in der Kindheit einmal entstanden ist! Das kann auch der einfühlsamste und aufmerksamste Liebhaber oder Ehemann nicht, höchstens im Verliebtheitsrausch des Anfangs, aber nicht auf Dauer! Horst Petri belegt die Vaterentbehrung mit vielen Fallbeispielen, aber er bleibt nicht dabei stehen. Er fordert, dass die kollektive Vaterentbehrung nicht weiter ins Unbewusste abgedrängt wird, sondern als Katastrophe für jeden einzelnen und für den Frieden, aber auch für den Wohlstand in unserer Gesellschaft erkennbar gemacht wird: Erinnern, wiederholen, durcharbeiten! Genau wie Sigmund Freud es zur Aufdeckung psychischer Traumata gefordert hat.

2005 zeigt Wim Wenders in seinem Film „Don't Come Knocking" sehr deutlich und pointiert die quälende und ins Zerstörerische zielende Leere von vaterverlassenen Kindern, denen im Leben nichts zu gelingen scheint, die wie eingefroren auf das Nichts starren, scheinbar auf etwas warten, was sie jedoch noch nicht einmal benennen können.

Auch muss ein Umdenken bei den Frauen, in den Gerichten und Jugendämtern stattfinden, was durch das 1998 neu geschaffene Kindschaftsrecht schon einen gesetzlichen Rahmen bekommen hat: Dass Väter im gleichen Maß wie Mütter für die Kinder wichtig sind und beide Eltern eine „Umgangspflicht" haben. Aber auch, dass die einseitige Gehirnwäsche von Kindern gegen einen Elternteil (Entfremdungssyndrom) eine schwere psychische Gewalt gegenüber dem Kind bedeutet und die Erziehungsfähigkeit eines derart aktiven Elternteils grundsätzlich in Frage stellt. Wissenschaftler sagen, dies sei ein wichtiger Grund, dem manipulierenden Elternteil das Kind wegzunehmen, weil das Kind zutiefst verstört und in seiner eigenen Gefühlswelt und Identität verwirrt werde. Doch deutsche Gerichte haben – im Gegensatz zu den USA und Frankreich – diesen Wandel noch nicht vollzogen und diese wissenschaftlich fundierten Erfahrungen offensichtlich nicht zur Kenntnis genommen!

Wenn Mütter eine ganze Stadt für „vergiftet" erklären, wenn sie von 26 Wochenenden im Jahr (jedes zweite) 18 Mal das Kind nicht „herausgeben" (wegen Schnupfen, „Terminen" oder sonst was), wenn sie drohen: „Wenn du zu deinem Vater gehst, mache ich deine Katze tot", dann ist etwas völlig falsch gelaufen und Gerichte haben keine andere Aufgabe, als dies zu unterbinden! Wenn der Kontakt zu den Großeltern, die vor der Scheidung gut genug waren, das Kind die Woche über regelmäßig zu betreuen, so rigoros abgeblockt wird, dass diese nach der Scheidung den Enkel nicht einmal mehr auf der Straße ansprechen dürfen, weil sonst der Anwalt einschreitet, dann geht es nur noch um Unmenschlichkeit! Zumal wenn Kinder allen ständig wechselnden Liebhabern/innen sowie der überbordenden Macht Einzelner ausgesetzt sein können, dann ist etwas faul in unserer Gesellschaft! Denn das hat nichts mehr mit Erziehung zu tun, sondern mit Macht, Machtmissbrauch und purer Gewalt!

Und zum Entfremdungssyndrom gehört auch Manipulation. Nach dem Motto: Natürlich will ich, dass mein Exmann Umgang mit den Kindern hat, aber nur heute geht es gerade nicht! Da müssen Verwandte, Erzieher, Lehrer, Richter und Sozialarbeiter eine neue Sensibilität entwickeln – zugunsten der Kinder, um diese nicht den Rachegefühlen und Manipulationen ihrer Eltern auszuliefern. Und sich endlich die Fakten anschauen, nicht immer nur auf der weichen Gefühlswelle mitschwimmen: Wie viele Besuchsregelungen wurden im vergangenen Jahr nicht eingehalten? Und daraus Schlüsse ziehen.

In Frankreich gibt es einen ganzen Katalog von Strafen für ein manipulierendes Elternteil: Angefangen damit, dass der ausgegrenzte Elternteil keine Alimente mehr zahlen muss bis hin zu drei Jahren Gefängnis! Es erscheint uns Deutschen auf den ersten Blick eine unglaubliche hohe Strafe zu sein, doch es werden ja auch schwerwiegende Rechtsgüter verletzt. Man stelle sich dies nur unter Erwachsenen vor: Ein Rufmord oder eine Verleumdung sind schwerwiegende Taten und können soziale Bezüge, berufliche Situationen und ganze Leben zerstören und werden deswegen hart, bis hin zur Androhung von Gefängnisstrafen, geahndet. Da kann es doch nicht angehen, dass Erwachsene sich wehren können, aber Kinder dies jahrelang erleiden müssen? Wenn „Gehirnwäsche" in Sekten geschieht, ist die öffentliche Aufregung groß, aber zu Hause soll sie erlaubt sein? Ebenso ist unterbundener Kontakt eine soziale Härte. Denken wir einmal an die Situation zurück, als der „sozialistische Schutzwall" Deutschland und viele Familien in Ost und West trennte. Diese Familientrennungen wurden zu Recht als hart, brutal und zerstörerisch erlebt! Doch Kindern werden Trennungen von geliebten Elternteilen oder Großeltern, von Vettern und Cousinen zugemutet und von Gerichten zum Teil angeordnet, und die meisten Menschen regen sich keineswegs darüber auf!

Der Umstand, dass jährlich 90 000 Frauen nicht den Vater ihres Kindes bei der Geburt angeben, das betrifft also jedes zweite Kind bei den nichtehelich Geborenen – mit steigender Tendenz –, geht in dieselbe Richtung. Väter werden ausgebootet. Eine weitere ganz einfache Methode ist, dass die Frauen mit den Kindern weit wegziehen, so dass der Vater, der oft auf seinen Mindestselbstbehalt reduziert wird, die Kinder schon aus finanziellen Gründen nicht besuchen kann. Wer kann sich jedes zweite Wochenende eine Fahrt von 200 oder 500 Kilometern erlauben und dort außerdem ein Hotel oder eine Jugendherberge für sich und die Kinder zahlen, geschweige denn alle drei Wochen einen Flug nach Boston? In Frankreich wird dies so gehandhabt, wie es dem gesunden Menschenverstand entspricht: Das Elternteil, welches sich gegen den Willen des anderen mit den Kindern vom gemeinsamen Wohnort entfernt, muss dem Zurückgebliebenen die Reisekosten zu den Kindern finanzieren!

Auch hat der Armutsbericht der Bundesregierung von 2004 eindrucksvoll gezeigt, dass es nicht die Kinder sind, die

Familien in die Armut stürzen (nur 2,3 Prozent aller Ehepaare mit Kindern benötigen Sozialhilfe, in der Gesamtbevölkerung sind es 3,3 Prozent!), sondern es ist der Zustand der Alleinerziehung: Da gelten 35 Prozent als arm. Um dies abzuschaffen und nicht erhöhtes Kindergeld per Gießkanne über alle auszuschütten, wird gefordert, das alte Familiensplitting abzuschaffen und dafür eine steuerliche Neuregelung einzuführen, die die Berufstätigkeit von beiden Ehepartnern nicht bestraft. Aber warum diskutiert eigentlich niemand die mangelnde Beziehungsfähigkeit der Erwachsenen, den massiven Widerstand, sich Hilfe bei Paartherapeuten, bei Elternschulen, in Elternberatungen zu holen? Rechtzeitig, nicht erst wenn es fünf vor zwölf ist! Warum gehen junge und ältere Paare nicht in die vielfach angebotenen Paarseminare, warum diese „Das haben wir nicht nötig"-Haltung?!

Die Bösartigkeit innerhalb der Gesellschaft nimmt zu, und meist erleiden dies als erste die Sensibelsten und Schwächsten: die Kinder in den zerstörten, aggressiven Familiengefügen mit den vielen Ex- und Hopp-Partnerschaften.

Unsere gesamte Gesellschaft des 20. Jahrhunderts ist von entsetzlicher Vaterlosigkeit geprägt worden. Vielleicht ist dies der Grund für die kollektive Verachtung von Männern, dafür, dass Scheidungen und Kindschaftsregelungen in Deutschland besonders heftig und bösartig verlaufen und von Gerichten extrem ungerecht behandelt werden. Zu viele Menschen müssen die Schmerzen des eigenen Vaterverlustes oder der Männerlosigkeit in ihrer Familie abspalten, so dass sie sich keine Gefühle für die Notwendigkeit von Vater-Kind-Kontakten erlauben dürfen. Und natürlich wird die temporäre Vaterlosigkeit durch die Industrialisierung und Globalisierung immer weiter vorangetrieben. Söhne können sich immer weniger mit dem Tun der Väter identifizieren, weil an deren Arbeitsplätzen nichts mehr zu sehen, zu spüren und zu bewundern ist. Die Tätigkeiten zerfließen in einer immer schmerzhafteren Form der Entfremdung von sinnhaftem Handeln und Individualität, was zu vermehrter Aggression führen kann. Es ist so etwas wie eine Proletarisierung der Gesellschaft in Gang, ohne Stolz auf ihr Tun (wie beispielsweise bei Handwerkern), ohne Abstammung und Hintergrund, ein Beliebigkeitsbrei, in dem Kinder das Gefühl bekommen, unterzugehen! Und der „white trash", die weder durch Bildung noch Aufklärung zu erreichenden untersten Schichten, machen bereits einen bemerkenswerten Teil der Bevölkerung aus – man schätzt sie auf bald 20 Prozent! Das neue Subproletariat weist folgende Merkmale auf: instabile Familienverhältnisse, extremer Medienkonsum, ungesundes Fast-Food-Leben ohne Sport und Bewegung, problematisches Sozialverhalten, zehn Jahre früherer Tod und zahlreiche Kinder.

In unserer Gesellschaft gibt es ein „neues Mittelalter", was eine Angleichung der Generationen (Jung und Alt sitzen vor dem Fernseher) und der Geschlechter meint (mit allen Vor- und Nachteilen!): Man kann es auch eine Androgynisierung sowie eine Feminisierung der Väter (und besonders der Sozialarbeiter!) nennen. Und Frauen tun alles, sobald sie den Mann fest haben, um ihn nach ihrem Gutdünken umzuziehen in Richtung Weiblichkeit, Fügsamkeit, Unterordnung, letztendlich Kastration.

Frage: Ist dies der Grund für die entsetzliche Zunahme von Pornografie im Internet, besonders von Gewaltpornos, als extremer, meist virtueller Ausweg aus einem machtlosen Dasein völliger Indifferenz? Ist dies vielleicht der letzte Rückzugsort von Männern, die langsam aber sicher das Gefühl bekommen, als Spezies ausgedient zu haben, deren Abschaffung in den USA bereits lautstark diskutiert wird?

Zumal bei der auch uns allmählich dämmernden Zukunftsvision, dass in 20 bis 40 Jahren nur noch 20 Prozent der Erwachsenen für die Produktion aller lebensnotwendigen Güter benötigt werden. Das heißt, dass 80 Prozent der Erwerbstätigen vielleicht noch ehrenamtlich arbeiten oder in „weichen" Berufen, sprich in den Dienstleistungen, gebraucht werden, was eher weibliche Tätigkeiten sind, männliche Fähigkeiten also fast gar nicht mehr gefragt sein werden.

Hinzu kommt, dass der von klein auf vorhandene Zugang zu den Medien und zu pornografischen Bildern die Gehirnstruktur formt, wie die Neurowissenschaft es immer dezidierter feststellt. Schon Kinder finden ganz leicht Zugang zur Pornografie. Es beginnt mit dem Angebot von legaler Pornografie über immer kindlicher wirkende Frauen und Männer und endet in illegaler (Kinder-)Pornografie. Die ständige Verfügbarkeit der Bilder („elternsicher gespeichert"), die oftmals suchthaft gesammelt werden und überaus heftig das Wohlfühlhormon Dopamin im Gehirn ausschütten, das immer mehr, mehr, mehr vom selben Stoff haben möchte, entwickelt die neurobiologisch erklärbare Tendenz zu immer stärkeren Reizen, zu härteren, sadistischeren Bildern mit immer jüngeren Opfern und brutaleren Foltermethoden.

Da Jungen sehr viel stärker an Bildern und an Technik interessiert sind als Mädchen, ist bei ihnen auch die Gefahr der Vermüllung ihrer Gehirne und Seelen stärker gegeben, zumal Alternativen für eine aktive Freizeitgestaltung in ihrer Umgebung immer seltener zu finden sind.

Doch stellt sich auch die Frage: Warum gibt es keine breite, von Männern und männlichen Fachleuten geführte Debatte um diese grauenhafte Entwicklung bezogen auf Pädophilie, Gewalt und Missbrauch von immer jüngeren Kindern, von weltweitem Kinder- und Frauenhandel? Etwa zwei Millionen fünf- bis fünfzehnjährige Kinder werden jährlich in der Sexindustrie missbraucht! Wo diskutieren Männer über diese Auswüchse ihrer Spezies und handeln endlich und schlagkräftig gemeinsam?

Eine andere Facette der Vaterentbehrung: Im Jahr 2005 gab es eine erbitterte Debatte über einen Gesetzentwurf, der einem Mann verbieten soll, per „Wattestäbchentest" klären zu lassen, ob er tatsächlich der Vater seines (untergeschobenen?) Kindes ist. Dies würde das Selbstbestimmungsrecht der Frau unterminieren, so Justizministerin Brigitte Zypries. Das Selbstbestimmungsrecht des Vaters steht mal wieder nicht zur Debatte, der darf zahlen und in der Ungewissheit weiter leben. Und von den Kindern ist bei den meisten Kommentatoren überhaupt keine Rede. Also soll per Gesetz eine neue Form der Kinderfeindlichkeit geradezu zementiert werden, da jeder Mensch ein Recht auf das Wissen um seine Abstammung hat. Toten Menschen gestehen wir dieses Recht zu: Es werden keine Kosten gescheut, um beispielsweise den Tsunami-Opfern durch DNA-Analysen ihre Identität zurück zu geben und den Angehörigen ein Wissen um ihre Toten. Den Toten ja, den Kindern nicht?

Angeblich würde der Familienfrieden durch solch einen Test gestört, so argumentierte eine Journalistin. Gibt es in einer solchen Familie nicht tagtägliche Lügen? Vom ersten Tag der Schwangerschaft an, wenn die Frau nicht weiß, von wem das Kind sein könnte und sie zu grübeln beginnt. Weiß die Frau definitiv, von welchem Liebhaber das Kind stammt, wird sie trotzdem täglich nach Ähnlichkeiten oder gerade nach dem Gegenteil forschen und ständig Angst vor einer Entdeckung haben. Ist sie selbst im Zweifel, ob ihr Partner oder ein Liebhaber der Vater ist, wird sie ebenso handeln. Auch müssen Familienmitglieder oder Freundinnen zum Schweigen verdonnert werden, die davon wissen. Folglich wächst das Kind in einem Gespinst von Unwahrheiten, von Lügen, von Identitätsdiffusionen auf – und das vom Zeitpunkt seiner Zeugung an! Mit oftmals lebenslangen Folgen, da zwischen ihm und seiner Mutter täglich die Lüge steht. Warum tun Frauen das? Doch wohl in erster Linie, um sich zu schonen, um nicht als Ehebrecherin, als Lügnerin und als Betrügerin dazustehen und nach einer eventuellen Scheidung den Anspruch auf Unterhalt nicht zu verlieren.

Für das Kind und den vermeintlichen Vater wird es immer ein Schock sein, als Verrat empfunden – weil es um tiefste Gefühle von Zugehörigkeit, von Identität, von Wahrhaftigkeit

und Vertrauen zu den liebsten und nächsten Menschen geht.
Natürlich werden manche Männer „ihre" Kinder weiterhin lieben können, wenn diese es zulassen, wenn Hilfe für alle angenommen wird, wenn es zu Klärungen kommt, wenn um Verzeihung gebeten und wenn Verzeihung gewährt werden kann.
Und was ist mit dem leiblichen, ebenfalls betrogenen Vater?
Die Verantwortung liegt bei den Frauen, alles andere wäre
eine Entmündigung.

Wir kennen den nachhaltigen Schock von Adoptionskin-
dern, die „dahinter kamen" und denen der Boden von Vertrauen, Wahrhaftigkeit und Authentizität unter den Füßen
weggezogen wurde. Traumatisch! Aus eben diesen Gründen
werden Adoptionen seit langem „offen" geregelt, die meisten
Eltern erzählen ihrem Kind davon schon frühzeitig, was dann
meist kein Problem darstellt.

Ebenso problematisch sind die „anonymen Geburten", bei
uns immer noch erlaubt; bei den Franzosen, die diese Möglichkeiten seit 1941 haben, mittlerweile heftig bekämpft.

Als gäbe es – außer kriminellen Aspekten oder abgelehn-
ten Kindern – heute noch wirklich triftige Gründe, sein Kind
nicht normal zu gebären, alle medizinischen und psychosozi-
alen Versorgungen für Mutter und Kind anzunehmen, eventuell in ein Haus für junge Mütter einzuziehen, sich staatliche
oder kirchliche Beratung bei hochkompetenten und fürsorg-
lichen Frauen zu suchen und das Kind anschließend zur
Adoption frei zu geben! Zumal die Liste der potenziellen,
handverlesenen Eltern unendlich lang ist! Für diese kinder-
losen Paare würde sich ein Lebenstraum verwirklichen.

Auch die Möglichkeit, Säuglinge in „Babyklappen" (wie
diese „Entsorgung" so makaber heißt) abzulegen, was bei
uns gerade sehr propagiert wird, stößt bei den meisten Fachleuten auf scharfe Kritik. Das Kinderhilfswerk, terre des
hommes, Pro Familia, ärztliche Fachgesellschaften, Psycho-
therapeuten, Sozial- und Adoptionswissenschaftler fordern
vehement ihre Abschaffung.

Zumal diejenigen, die ihr Neugeborenes töten oder aussetzen, kein Klientel dafür darstellen. Das sind Frauen, die oftmals neun Monate lang ihre Schwangerschaft vor sich und anderen verheimlicht haben, von der Geburt überrascht werden und im Affekt dieses Stresses das Kind töten. Sie befinden sich entweder in einem psychotischen oder dissoziativen Zustand, so dass sie keineswegs in der Lage sind, ins Telefonbuch zu schauen und sich einen Bus zu nehmen, um zu der „Babyklappe" zu fahren. An der Zahl der getöteten und ausgesetzten Kinder hat sich mit Einführung der „Klappen" ohnehin nichts geändert, sie ist seit 1999 konstant geblieben. Mehr als verdoppelt (von 18 im Jahr 1999 auf 41 im Jahr 2001) hat sich die Zahl der Adoptivkinder mit „unbekanntem Familienstand", wie Regula Bott von der Adoptionsstelle der vier norddeutschen Länder 2002 in der „Süddeutschen Zeitung" berichtete.

Um noch einmal den Fokus darauf zu richten: Hier handelt es sich um eine Entmündigung von Frauen! Denn mit dieser Möglichkeit werden Frauen wieder einmal (diesmal von Frauen, die in erster Linie Befürworterinnen sind) als unmündige Wesen behandelt, die sich selbst bei der Geburt eines Kindes, eines neuen Menschenwesens, zu nichts verpflichtet fühlen müssen, noch nicht einmal zur Einhaltung unserer Gesetze und der elementaren Menschenrechte! Ihr eigenes Kind wird von ihnen – um es scharf zu formulieren – in eine „Klappe" gelegt, als sei es ein Ding, das entsorgt werden kann!

Weitere Fallbeispiele

Beispiel acht

Ein Anwalt, kinderlos, macht die Steuerklärung für sich und seine Frau. Seit zehn Jahren. Es dauert jedes Mal zwei volle Wochenenden. Auf meine Frage: „Und was macht Ihre Frau an diesen beiden Wochenenden?" antwortet er: „Sie nörgelt, weil ich für sie keine Zeit habe!" – Seine Frau sagt nicht mal Danke, kocht ihm kein besonders leckeres Essen, belohnt ihn nicht mit Karten für sein Lieblingskonzert! Und er findet es normal! Er kennt es ja nicht anders!

Beispiel neun

Eine junge Ehefrau gestaltet nicht nur die Wohnungseinrichtung mit Blümchen, Deckchen, Kerzen und in weiblichen Farben, sondern taucht auch das Schlafzimmer komplett in Rosenmuster. Ihr Mann sagt dazu nichts, aber er wird impotent, denn er hasst die rosa Farben und das ewige Gerüsche! Er fühlt sich seiner Männlichkeit beraubt, er hat buchstäblich keinen Raum im eigenen Haus – außer einer Bastelecke in der kalten Garage. Da er sich nicht traut, das zu artikulieren, streiken sein Körper und seine Männlichkeit.

Horst Petri hält uns vor Augen, dass die Frauenbewegung die Väterabwesenheit zunächst überwinden wollte, indem sie die Männer einband in Kindererziehung und Haushaltsarbeit. Was noch keineswegs vollständig gelungen ist. Doch sollten wir Frauen uns auch einmal fragen, ob unsere ästhetischen, Sauberkeits- und habituellen Regeln wirklich das non plus ultra sind oder ob diese Anforderungen vielleicht nur einer von vielen Lebensentwürfen sein könnten? Wo steht denn geschrieben, dass unsere Farbvorstellungen, unsere Trockensträuße und Designer-Arrangements und unsere hypertrophe Reinlichkeitsdoktrin die Menschen glücklicher machen, die mit uns leben?

Allein die Verschiebung von der schweren körperlichen Arbeit des Mannes zur (weiblichen) Dienstleistungsgesellschaft war für viele Männer in den vergangenen Jahrzehnten hoch problematisch, wenn ihre Arbeit keine fassbaren, auch den eigenen Kindern vorzeigbare Dinge produzierte. Sie fühlten sich oft überflüssig, zutiefst entfremdet. Gleichzeitig breitete sich die Welt des Scheins, des Konsums aus – in der sich Frauen seit jeher wohler fühlen, wie ihr Konsumverhalten zeigt. Und in der sich viele Männer auch heute noch unwohl und nicht zu Hause fühlen: fremd im eigenen Reich, fremd in der eigenen Wohnung.

Beispiel zehn

Eine Frau hat einen Liebhaber, der zu Besuch kommt. Sie verlangt von ihrem Ehemann, der Handwerker ist, dass er für das Wochenende auf den Dachboden zieht. Er protestiert zaghaft – und überlässt anschließend dem Liebhaber das Ehebett! Als Therapeutin frage ich ihn, warum er den Mann nicht seines Hauses verwiesen hatte? Notfalls mit Hilfe der Polizei wegen Hausfriedensbruch. Seine völlige Negierung der eigenen Rechte macht mich fassungslos! Ebenso wie seine Antwort: „Ich bin eigentlich nicht sehr männlich, aber meine Frau ist es. Sie nimmt sich alles!"

Beispiel elf

Ein 32 Jahre alter Werbefachmann: Er bezahlt 60 Prozent der Miete für die gemeinsame Wohnung. Seine Freundin hat (gegen seinen nur schwachen Widerstand) seit neun Monaten ihre Schwester mit aufgenommen, die beiden Frauen zahlen nur jeweils 20 Prozent. Als die Freundin damals in seine Wohnung einzog, bestand sie darauf, dass alles nach ihrem Geschmack eingerichtet würde. Seine Möbel wurden rausgeschmissen. Auf die Frage, wo er sich denn in der 120 Quadratmeter großen Wohnung wohl fühlen würde, sagt er: „Auf dem Balkon, dort hat sie nichts verändert."

Beispiel zwölf

Eine Frau hat einen Liebhaber, aber keinen Führerschein! Ergo fährt ihr Mann sie zum Liebhaber, bleibt dort zwei Stunden im Wagen sitzen und wartet, bis sie fertig ist. Dann fährt er sie wieder heim! Dieser Ehemann hat die beiden Kinder in den ersten sechs Jahren aufgezogen, da er als Lehrer eine Halbtagsstelle hat, während seine Frau ganztags arbeitet. Eine Entscheidung, die beide gemeinsam getroffen haben! Doch bei drei Kollegen von ihm passierte das, wovor er sich fürchtet: Obwohl sie – wie er selbst – die meiste Erziehungsarbeit leisten, werden die Kinder nach den Scheidungen den jeweiligen Frauen zugesprochen. Dieser Mann, der eine alleinstehende Mutter hat, um die er sich kümmert, sieht keine andere Alternative als das zu tun, was seine Frau will! Zumal er seine Kinder um keinen Preis verlieren will.

Beispiel dreizehn

Eine schlechte Ehe. Die Frau entnimmt in zehn Jahren vom gemeinsamen Konto 700 000 Mark für ihre rauschhaften, sinnlosen Einkäufe. Ihr Mann (ein hoher Beamter) traut sich nicht, ihr das Konto zu sperren und ihr ein begrenztes Haushaltsgeld zu überweisen. Er ruiniert sich sehenden Auges finanziell bis an sein Lebensende! Nach der Scheidung muss sie noch nicht einmal die Konten der bei ihr lebenden Kinder offen legen, auf denen sie wahrscheinlich das Geld versteckt hat! Dafür muss er zahlen und darf, obwohl sie ein gemeinsames Sorgerecht haben, die Kinder jahrelang nicht sehen. Oder nur – nach achtstündiger Autofahrt – vier Stunden im Schwimmbad! Quasi unter Wasser! Zehn Jahre schreitet kein Jugendamt ein, trotz verzweifelter Briefe!

Beispiel vierzehn

Ein Theologe und seine Frau, beide Mitte 40. Er hat mit Freunden die Verabredung, dass er zu jeder Tages-, meist Nachtzeit, mit eigenem Schlüssel in ihr Gästezimmer ziehen kann, wenn seine Frau mal wieder tobt. Er musste mehrfach die Polizei holen, sie hat bereits mehrere Türen, hinter denen er sich eingeschlossen hat, zertrümmert. Die noch relativ jungen Kinder müssen alles anhören und zusehen, es gibt keine Veränderung, kein Therapeut kann sie erreichen. Sie tobt weiter.

Beispiel fünfzehn

Ein junger Jurist ist nicht in der Lage, die lautstarken Szenen seiner Freundin im Treppenhaus zu stoppen. Andere Mieter rufen wiederholt die Polizei. Sie zersticht ihm die Autoreifen, lauert ihm auf, schnüffelt ihm hinterher und schreckt nicht davor zurück, telefonisch die Hochzeitsnacht eines befreundeten Paares zu stören, weil er bei deren Feier eingeladen ist. Die Folge: Er heiratet sie und hat immer noch Angst! Ist es Masochismus, ist es sexuelle Hörigkeit? Das verneint er jedoch beides!

Beispiel sechzehn

Ein junger Mann mit exhibitionistischen Ausfällen. Er präsentiert seine Männlichkeit in der Dunkelheit vor fremden Frauen, weil er in seiner Ehe seine Männlichkeit und Potenz nicht leben kann. Im therapeutischen Gespräch stellt sich heraus: Seine Mutter war Alkoholikerin, brutal schlagend, endlos verhöhnend und sexuell übergriffig. Er hatte keine Chance; der Vater war abwesend und ebenfalls alkoholkrank. Alles, was ihm als Kind Spaß gemacht hat, wurde verlacht oder zerstört: Die Mutter zertrampelte regelmäßig seine Eisenbahn.

Beispiel siebzehn

Eine Frau lässt sich nach 25 Jahren Ehe scheiden, weil sie lesbisch geworden ist. Noch bevor die Scheidung rechtskräftig wird, findet sie eine protestantische Pastorin, die die Trauung des lesbischen Paares vornimmt. Die drei Kinder boykottieren diese erneute Hochzeit der Mutter und treten aus der Kirche aus, denn sie sind empört, dass eine Pastorin der Amtskirche mit keinem Wort nach dem Noch-Ehemann und Vater fragt, sondern diese (unrechtmäßige) Handlung vollzieht.

Der neue Mann

Wir haben gesehen, dass etliche Frauen im mittleren Alter ihres Lebens nicht froh werden, weder in der Ehe noch nach der Scheidung, weder mit Kindern noch ohne Kinder. Sie kriegen den Dreh einfach nicht hin! Und dabei haben sie so viele Wahlmöglichkeiten wie noch nie: Sie können wählen zwischen Luxusweibchen und Karriere, zwischen Nur-Hausfrau und Berufstätigkeit plus Kindern (bei dem frauenfreundlichsten Beamtenrecht der Welt, mit Frauenbeauftragten in allen größeren Institutionen ...). Sie können ledig bleiben oder lesbisch werden, mit oder ohne Kinder. Für die Männer dagegen ist nur eines sicher: Sie müssen arbeiten! Denn ob sie Zugang zu ihren Kindern erhalten, das wissen sie nicht, und es liegt oftmals nicht in ihrer Macht!

Frage: Wollen Frauen wirklich den „neuen Mann"? Wie betrachten sie beispielsweise einen Mann, der regelmäßig seine Nachmittage auf dem Spielplatz mit seinen Kindern verbringt? Ist das sexy? Wohl kaum, Hausmänner haben eher den Ruf von Weicheiern und Sozialarbeitern, was ihre Attraktivität nicht erhöht.

Denn: Hausarbeit wird eigentlich auch bei Männern nur akzeptiert, wenn sie zusätzlich zur Erwerbsarbeit stattfindet. Ein Mann, der äußert, er würde gerne zu Hause bleiben, um für Frau, Kind und Labrador zu sorgen, Blumen zu arrangieren und zum Yoga zu gehen, würde von den meisten für schlapp und parasitär erklärt.

„Viele ‚typisch weibliche' Vorlieben oder Tätigkeiten wirken grotesk, wenn ein Mann sie ausführt. Ein Mann, der staubsaugt oder kocht, wirkt nicht komisch, weil damit notwendige Tätigkeiten verrichtet werden. Man stelle sich aber einen Mann vor, der mit Hingabe das Klofenster mit einer selbstgehäkelten Gardine dekoriert und der liebevoll den Kaffeetisch deckt, um Nachbarsmänner zu einem Kaffeeklatsch einzuladen. Diese Männer brechen dann in ein entzücktes ‚Ah' oder ‚Oh' aus, wenn sie bemerken, dass das Geschirr und die Servietten Ton in Ton gehalten sind. Oder man stelle sich einen Hausmann vor, der mit Seidenmalerei oder Puppennähen anfängt oder einen Bastelkurs besucht", amüsiert sich die Autorin Beate Kricheldorf 1998 in ihrem Buch „Verantwortung: Nein danke!"

Noch eine Frage: Stimmt es eigentlich, dass Frauen die Erziehungsarbeit wirklich teilen wollen? Wieso tun sie sich dann so schwer damit, ihren Mann mit dem Baby allein zu lassen? Zumal eine Liebesbeziehung immer nur in der Intimität von zwei Personen entstehen kann und keineswegs, wenn ein Dritter über die Schulter zuschaut und jeden Handgriff kritisch kommentiert.

Beispiel achtzehn

Eine 38-jährige Journalistin hat ein Baby. Sie sehnt sich nach Abstand. Als es ein Jahr alt ist, lässt sie es zum ersten Mal für ein ganzes Wochenende mit ihrem (geliebten) Mann allein. Alles wunderbar gelaufen, nur sie ereifert sich reichlich lange darüber, dass ihr Mann dem Kind das farblich falsche Jäckchen angezogen habe. Es ist für sie tatsächlich ein Problem, nicht nur in einem Satz erwähnenswert, sondern wirklich von Bedeutung!

Die Psychologin Herrad Schenk machte mehrere Untersuchungen zum Thema „neue Väterlichkeit" und kommt zu ähnlichen Ergebnissen: Viele Frauen geben – zumal in anonymen Umfragen – zu, dass sie die Männer gar nicht so gerne zu Hause haben wollen. Es besteht nämlich auch hier natürlich eine Rivalität zwischen den Geschlechtern, so nach dem Motto: *Wer wird mehr geliebt und mehr gebraucht von den Kindern?* (Besonders deutlich am Terror nach den Scheidungen zu beobachten, wenn es nur noch um Macht und keineswegs ums Wohl der Kinder geht!) Fazit: Viele Frauen wollen gar keine Veränderung, sondern nur klagen und sich beschweren, weil das sehr deutsch und so viel einfacher im Leben ist. (In keiner Industrienation ist klagender und nörgelnder Pessimismus so verbreitet wie in Deutschland, so eine Studie des Meinungsforschungsinstituts Emnid aus dem Frühjahr 2006).

Schenk meint, es scheint ein verbreiteter „von beiden Geschlechtern zumindest vorübergehend akzeptierter Kompromiss zu sein – sonst würde doch kaum eine so große Mehrheit der Frauen die Arbeitsteilung in Haushalt und Familie als im großen und ganzen zufriedenstellend bezeichnen. Nicht nur eine gewisse Bequemlichkeit auf Seiten der Männer bzw. Väter, sondern auch das Gefühl bedrohter Identität auf Seiten der Frauen wäre demnach verantwortlich für das schleppende Veränderungstempo in Sachen geschlechtsspezifischer Arbeitsteilung."

Es hat sich im Prinzip wenig geändert: Um ihre Verweigerungshaltung bezogen auf die Männer zu rechtfertigen, „verweisen viele Frauen auf die Unfähigkeit des Mannes, der ihnen mehr Arbeit mache als erspare. Aber innerlich empfinden sie ihre Vorrangstellung als Mutter als eine Machtposition, die sie nicht teilen möchten, und sei es um den Preis der physischen und psychischen Erschöpfung", so die Psychoanalytikerin Elizabeth Badinter 1993 in ihrem Buch: „XY. Die Identität des Mannes".

Auch sollte man folgendes Paradox nicht aus den Augen verlieren: Die meisten Kinder der Mittelschicht sind heute wohl Wunschkinder, doch wird meistens lediglich der Aspekt von Arbeit und Mühsal betont, wenn es gerade in den Ehestreit oder die Trennungsabsicht passt. Da wird niemals argumentiert mit Freude, Erfüllung und Liebe! Selten hört man den Satz: Kinder sind etwas Wunderbares und ich genieße das Zusammensein mit ihnen!

Seltsamerweise folgt die Fortsetzung auf dem Fuße: Keine der jungen Frauen, die ich kenne, die mit ihren Männern so extrem unzufrieden sind, krempelt die Ärmel hoch und erzieht ihre kleinen Söhne zu wunderbar sozialen Wesen, die perfekt kochen und bügeln können? Nein, die eigenen Söhne werden ebenfalls zu Paschas gemacht. Die vorweggenommene Schwiegermutterrache an der späteren Schwiegertochter? Frei nach dem Prinzip: Zahn um Zahn, Mann um Mann, Ärger um Ärger! Einzig Donata I., die Mutter von vier Söhnen ist, formuliert es positiv: „Mein Erziehungsziel ist es, dass meine Schwiegertöchter mich später einmal lieben sollen!" So die prägnanteste und kürzeste Definition einer sinnvollen Jungenerziehung!

Frauen erziehen ihre Söhne zu Paschas ... gnadenlos! Sie verlangen von ihnen keine Hilfe im Haushalt, kochen ihnen das Essen, bügeln ihnen freiwillig die Hemden (dies kann man dann nur als eigenes Hobby bezeichnen – klagen gilt nicht!) und fahren mit dem Bus, der Straßenbahn, sogar mit dem Zug zu ihnen, wenn die jungen Männer, die weder körperlich noch geistig behindert sind, die erste eigene Wohnung haben und ... mit dem Treppenhausputz dran sind! Das machen Mütter freiwillig, aber sie klagen und jammern. Natürlich, irgendwie muss der selbst gewählte Frust ja raus und jemand anderes wenigstens ein schlechtes Gewissen haben!

Beate Kricheldorf bringt es noch weit härter auf den Punkt: „Frauen hätten es in der Hand, die Dinge zu ändern, indem sie Männer mit Sklaven-Mentalität nicht mehr akzeptieren würden. Aber das werden sie natürlich nicht tun. Denn es ist ja für sie sehr angenehm und bequem, Männer zu Sklaven zu machen (zur Arbeit und Verantwortung zu verpflichten) und Kinder zu Sklaven zu erziehen (Anhänglichkeit und Abhängigkeit zu fördern, statt Entfaltung zu ermöglichen). Wenn Frauen mit Macht (im positiven Sinn von Einflussnahme und Verantwortung) nicht umgehen können, erklären sie Macht kurzerhand als etwas Negatives und typisch Männliches. Genauso wie sie Lebenslust, Reichtum oder Schönheit verteufeln, wenn sie dies nicht besitzen. Stattdessen werden Bescheidenheit, Aufopferung und Armut zu höchsten Tugenden erklärt."

Und erziehen diese Frauen ihre Töchter zu uneitlen, fröhlichen Mädchen, die ihren Körper so akzeptieren, wie er ist, mit guten Kontakten zu Jungen, mit handwerklichem Geschick? Oder eher zu Prinzessinnen mit Anspruchshaltung, sich selbst bespiegelnd, ewig herausgeputzt und außer für den schönen Schein (des Körpers, der Innenausstattung) weder an Politik noch am Weltgeschehen interessiert, sondern ewig in Beziehungskonflikte verstrickt? Was übrigens mit der Zeit auch reichlich langweilig wird!

Die Wirtschaftsjournalistin Barbara Bierach formuliert drastisch: „Frauen lernen das Falsche, lesen das Falsche, wollen das Falsche und benehmen sich falsch", denn sie lesen keineswegs den Wirtschaftsteil der Zeitungen (nur 22 Prozent), ausreichend Fachliteratur und nehmen lieber an den sanften Themen Anteil als an den so genannten „harten". Sie interessieren sich für Kochen, Körperpflege, gesunde Ernährung, Gastlichkeit, Urlaub, Wohnen und Haarpflege und erst an achter Stelle für Bücher, was neben dem Krimi eventuell mit wirtschaftlicher Unabhängigkeit, Karriere und Fortkommen zu tun haben könnte!

Und doch sind aus manchen Söhnen „neue Männer" geworden – etwa 20 Prozent sind es mittlerweile, wie „Psychologie heute" schon 2002 in einer repräsentativen Studie feststellte. Männer mit wunderbaren Eigenschaften: Sie sind partnerschaftlich, politisch interessiert und aktiv, sehen Kindererziehung als persönliche Chance an, sind sensibel und kennen sich sogar in der eigenen Psyche aus, sind toleranter, wenig autoritär und gewaltfreier als die traditionellen Männertypen. Was andere Medien dazu inspirierte, ihn gleich zum „übersexuellen Mann" zu erklären: kernig, charakterstark, kooperativ im Haushalt, ein Macho light, der seine Kinder liebt und mit ihnen wunderbar umgeht! Es war also eine

Entwicklung „vom Macho zum Softie zum Metrosexuellen und jetzt zum Übersexuellen ... Der neue Mann ist eigentlich der alte", schrieb der „Focus" im Herbst 2005.

Frauenrollen

Die feministische Autorin Karin Jäckel schrieb 1998 das Buch „Der gebrauchte Mann. Abgeliebt und abgezockt – Väter nach der Trennung", ein Buch „für emanzipierte Frauen, die es nicht nötig haben, Männer als unfähige Väter und Faulenzer der Nation und die Ehe als Versorgungsinstitution zu diffamieren".

Die Autorin bekam etliche Morddrohungen (!) von Frauen und Frauengruppen! Stellen wir uns das szenisch vor: Da sitzen einige Frauen gemütlich bei einem Glas Rotwein zusammen und eine hat die Idee: Wollen wir nicht mal eine Morddrohung formulieren, ihr Buch hat mich so genervt! Die anderen stimmen zu, flugs wird Briefpapier geholt und sie beginnen zu schreiben, diskutieren über Formulierungen und Anonymisierung. Jemand spendiert eine Briefmarke und bringt das Schreiben auf dem Nachhauseweg zum Kasten. Morddrohungen gegen eine Frau, die anderer Meinung ist und darüber ein Buch schreibt. Dabei hatte sie nur, nach hundert anderen, wahrscheinlich sogar tausenden von Büchern über die Schlechtigkeit der Männer einfach mal die andere Seite beleuchtet: Frauen als Täterinnen, Frauen, die ihre Männer malträtieren und ihre Kinder als Machtmittel, Eigentum, Racheobjekt und Wanderpokal missbrauchen.

Ich weiß, es ist schwer, wenn man sich immer als Opfer gefühlt hat, auch die eigene Seite als Täterin anzuschauen. Das schmerzt, wurmt und ärgert! Aber es hilft nichts, auch Frauen müssen ihren Täterinnenanteil erkennen, sonst wird es keine Befriedung in diesem „Geschlechterweltkrieg" geben, wie Lionel Tiger es nennt.

Und Achtung! Der US-amerikanische Kulturkritiker Robert Bly meint, dass nach der Vaterlosigkeit (in den USA wachsen bereits 60 Prozent der schwarzen und 30 Prozent der weißen Jugendlichen ohne Väter auf) die Mutterlosigkeit folgen wird. Ihr

Beginn ist schon an der Machtlosigkeit vieler Mütter zu spüren, die gegen die Medien und Peergroups nicht mehr viel ausrichten können. Die Kinder entgleiten ihnen in die Scheinwelten der Computer, der Pornografie und des Konsums und bleiben dadurch auf einer Stufe des Infantilismus stehen, auf der es nur um sofortige Lustbefriedigung geht. Wird die nicht gewährleistet, geraten diese Kinder in kleinkindhafte Wutgefühle, denen nicht wenige Eltern mit ihrer eigenen kindhaften Wut begegnen, da auch sie noch nicht ganz erwachsen geworden sind.

Schauen wir uns doch bloß mal die Situation in Deutschland an: Fast zwei Drittel der Grundschulkinder haben einen eigenen Fernsehapparat, die meisten Zehnjährigen haben Computer im Kinderzimmer, also haben deren Eltern bewusst oder unbewusst ihre eigenen Einflussmöglichkeiten weitgehend aufgegeben! Und klagen nur noch über die „bösen gesellschaftlichen Umstände"! Bly schreibt: „Die kindliche Gesellschaft prämiert einen Dauerzustand des Halb-Erwachsenseins, in dem Repression, Disziplin und Triebkontrolle untergraben werden." Sind solche elterlichen Leerstellen einmal entstanden, steigt die Bereitschaft, irgendeine Autorität zu akzeptieren, um inneren Halt, Perspektive, Bedeutsamkeit und Welterklärungen zu bekommen. Und: Je schwächer die eigene Identität, je nachhaltiger das Fast-Food-Leben von leerem (Medien-)Konsum geprägt wird, desto stärker wird diese Autorität sein! Wir sehen einen Dauerzustand von Regression auf uns zukommen, der Angst macht. Denn unsere Demokratie braucht erwachsene und reife Menschen und nicht infantil gebliebene Halbstarke, die nach dem nächsten Führer schreien!

Zum Erwachsensein gehört es unabdingbar, die Elternrolle wirklich auszufüllen, nicht Kumpel für die Kinder zu sein, sondern grenzziehende, sinngebende und haltende Eltern. „Die meisten Kinder werden nicht misshandelt, sondern leider manchmal weder angerührt, noch getadelt, noch erzogen!" schreibt die Psychoanalytikerin Christiane Olivier. Es bleibt die

„Aufgabe der Eltern, ihren Kindern Grenzen zu setzen. Wenn sie dies nicht tun, riskieren sie, dass ihre Kinder diese Grenzen anderswo suchen und den Kampf um die Macht an Orten ausleben, die viel gefährlicher sind als der Kampfplatz Familie." Zudem verachten Kinder ihre schwachen Eltern und dann gerät das Koordinatensystem völlig aus den Fugen, weil die Kinder buchstäblich nicht mehr wissen, wo unten und oben ist. Das erzeugt bei ihnen grenzenlose Einsamkeit, aus der viele sich nur noch mit Aggressivität zu Wort melden oder in Magersucht und Suizidalität versinken.

Zurück zur Rolle von Frauen und Müttern. Was heißt eigentlich Emanzipation? Im Brockhaus von 2004 steht: „Befreiung von Individuen oder Gruppen aus rechtlicher, politisch-sozialer, geistiger oder psychischer Abhängigkeit." Es ist wohl eine Lebensweisheit, dass Befreiung immer aktiv betrieben werden muss. Selten wird sie geschenkt. Jeder Jugendliche muss sich von seinen Eltern emanzipieren, diesen Akt kann ihm niemand abnehmen! Nirgends steht auch, dass zur Emanzipation die Opferhaltung dazugehört, dieses nörgelige Kleinmädchengehabe wie bei Dauerpubertierenden. So haben wir uns das damals nicht vorgestellt, dass die Jüngeren zwar partizipieren, aber wie unmündige Prinzessinnen quengeln. Warum kämpfen sie nicht aufrecht, lustvoll, kreativ und mit all ihren fabelhaften Voraussetzungen für mehr Gerechtigkeit auf dieser Welt? Warum dieser Rückzug ins Missmutige, ins Geldzählen, ins Eigenheim, ins Dekorative, ins Depressive? Die jungen Frauen heute haben doch alle Möglichkeiten: Selbsthilfegruppen, Müttertreffs, Therapie jeglicher Couleur, Freundinnen im Dutzend und die Freiheit hoher Telefonrechnungen. Warum entsteht keine neue Frauenpower jenseits vom Zierpuppengehabe sowie der „Versklavung" von Männern und Söhnen?

Warum gucken die Frauen nicht hin, ehe sie einen Vater für ihre Kinder wählen? Sie haben doch alle Zeit und Gelegenheit zu testen! Und gute Vaterqualitäten sind auch immer gute

Partnerqualitäten. Der Grund: Frauen ist eindeutig anderes wichtig. Das Sample-Institut hat herausgefunden, dass 90 Prozent der Frauen ein geringes oder gar kein Interesse an den Vaterqualitäten eines Mannes haben. Auch legen 89 Prozent keinen Wert auf die väterliche Einmischung bei der Erziehung. (Der Begriff Einmischung macht schon deutlich, wer im Besitz der Handlungshoheit ist!) Wichtiger war es 39 Prozent der befragten Frauen, dass Männer sexy sind, 25 Prozent, dass sie gut aussehen und 12 Prozent, dass sie reich sind. Frauen bevorzugen scheinbar die Oberfläche!

Nach den (Um-)Erziehungsvorstellungen der 60er und 70er Jahre (und denen der DDR sowieso) konnten sich Frauen neu erfinden „und die Männer dazu zwingen, dasselbe zu tun, sanfter, fürsorglicher und ‚weiblicher‘ zu werden. Republikweit lernten die Männer, ihr Wasser im Sitzen abzuschlagen. Der Kampf der Geschlechter schien sich durch Umerziehung zumindest bis zum Waffenstillstand bringen zu lassen. Was für ein Irrtum! Inzwischen haben Dutzende von Studien den Beweis geliefert, dass die meisten Frauen – war es Selbstbetrug? War es Zeitgeist? – doch nicht den Sitzpinklern den Vorzug geben, sondern Männern, die reicher, älter, größer und wichtiger sind; dass Männer umgekehrt Frauen wählen, die kleiner und jünger sind, während Chefgehälter und IQ bei Frauen deutliche Wettbewerbsnachteile darstellen," so Sonja Zekri 2005 in der „Süddeutschen Zeitung".

Die Berliner Schriftstellerin Monika Maron denkt sich in einem Aufsatz in verschiedene Männerrollen hinein und bekommt tiefes Mitleid mit ihnen. „Wenn ich daran denke, ich wäre jung und unerfahren in die Hände einer jener Versorgungsdenkerinnen gefallen, die mit einem Kind und Putzfrau über ihren ‚Fulltimejob‘ als Hausfrau klagt, während ich nicht nur als erfolgreicher Ernährer durch mein Berufsleben jagen müsste wie ein Pferd über die Rennbahn, damit ich glitzernde Pokale gewinne, die meine Frau in die Vitrine stellen und wöchentlich putzen kann und die sie für ihre mir geopferte

Karriere entschädigen." Monika Maron fühlt sich in die Ängste der Männer ein und bekommt einen Horror bei dem Gedanken an die „Erzieherinnen, die mit lüsternen Blicken meinen Charakter und meine Vorlieben durchschauen und dabei denken, den biege ich mir hin." Oder in Gedanken an die „Sicherheitsfanatikerin, die mich in Lebensversicherungen, Kredite und Bausparverträge einwickelt wie eine Mumie."

Wir Frauen haben in den vergangenen 50 Jahren viele Freiheiten errungen. Doch überzeugende neue Visionen wurden noch nicht gefunden. Und Männer sind weit, sehr weit davon entfernt, ihre Rollen positiv neu zu definieren! In England spricht man schon von einer „Femokratie", wenn Männer auf das Samenspenden reduziert werden. Auch gibt es auf dem gigantisch wachsenden Markt der Fortpflanzungsindustrie bereits Versuche der Jungfernzeugung ...

Männer, als angebliches Übel für alles und jedes auf der Welt, haben mit ihren patriarchalen Vorrechten auch die Wertschätzung verloren – und, was mich tief erschreckt, sie kämpfen nicht dagegen an, sondern leiden geduldig, devot bis zur Selbstvernichtung. „Die Nichtthematisierung dieser Machtlosigkeit ist der Indikator für Sprachlosigkeit", sagt Paul-Hermann Gruner. Wir wissen es aus unserer eigenen Frauengeschichte und sehen es an so vielen unterdrückten Frauen auf der Welt: Nur die völlig Machtlosen können noch nicht einmal über diese Qual reden.

Ich sehe unendlich viele Männer, die, was das eigene Leid angeht, bis zur Starre verstummt sind, die weiterhin wie brave Esel den Karren der Familie ziehen, aber sich selbst nicht zu Gehör bringen. Und ich sehe Frauen, die an dieser Stummheit der Männer verzweifeln, doch leider eher aggressiv draufschlagen als sich einzufühlen.

Und nach der Scheidung? Bei einer Langzeitstudie an 12.484 Deutschen kam Folgendes heraus: Im Gegensatz zu verheirateten Menschen haben alleinstehende Frauen eine erhöhte Sterberate von 59 Prozent, verwitwete von 35 Prozent und geschiedene Frauen – überhaupt nicht. Bei Männern ist die Sterberate bei Alleinstehenden um 47 Prozent erhöht, bei Verwitweten um 39 Prozent und bei Geschiedenen um 66 Prozent! Da Männer (durch ihre Eltern) immer noch so erzogen werden, dass sie sich fast ausschließlich emotionale Unterstützung bei den Ehefrauen holen, bricht bei ihnen diese protektive Wirkung nach einer Scheidung weg. Doch sollte auch gefragt werden, wie es mit dem finanziellen Desaster und der Sorgerechtsregelung aussieht, ob nicht die Trennung von den Kindern ein Schmerz sein kann, der Resignation, Depressionen und emotionale und körperliche Verwahrlosung nach sich zieht? Wozu noch leben, wenn einem Mann plötzlich die Frau, die geliebten und jedem Leben Sinn gebenden Kinder und sogar oftmals das selbst gebaute Haus abhanden kommen?

Interessant auch eine Untersuchung, die herausfand, dass Frauen „mehr noch als Männer die Ursachen für das Scheitern ihrer Beziehung beim Partner oder bei externen Faktoren" finden und nicht bereit sind, ihre 50-prozentigen Anteile am Scheitern bei sich zu sehen! Da sind Männer viel depressiver, viel selbstanklagender, viel realistischer – doch leider oft erst nach der Trennung, nicht vorher – da sind sie genügsamer, leidensfähiger, duldsamer und kommen offensichtlich mit den Macken der Frauen besser klar als umgekehrt.

Wie konnte es dazu kommen?

Aber warum gibt es so viele duldsame, verstummte Männer? Warum gibt es so viele Frauen, die ihre Männer als zu erziehende Versager behandeln, obwohl sie sich doch ursprünglich ein gleichberechtigtes Gegenüber gewünscht haben? Was haben wir Frauen falsch gemacht? Und was die Männer? Dazu ist es nötig, die soziale und emotionale Entwicklung und Situation der Männer anzuschauen. Ein Blick auf das grauenhafte 20. Jahrhundert genügt völlig, um sich zu vergegenwärtigen, wieso die berühmte Feministin Susan Faludi die Männer das „betrogene Geschlecht" nennt.

Die so genannte autoritäre (auch „preußische") und danach die nationalsozialistische Erziehung hat Mädchen und Jungen geprägt, doch Jungen mussten sich stärker, auch brutaler verbiegen lassen. Es ging darum, die kleinen Jungen nicht zu verweichlichen, nicht zu Schwächlingen werden zu lassen, sondern sie „hart wie Kruppstahl" für härteste Körperarbeit sowie für das Soldatenleben zu erziehen, quasi vom ersten Tag ihres Lebens an. Das wurde verlangt, und das taten viele Millionen Mütter, wie es in der soziologischen Untersuchung „Adolf Hitler, die deutsche Mutter und ihr erstes Kind" deutlich wird.

Sigrid Chamberlain, die diese brillante Studie über die nationalsozialistische Erziehung 1997 geschrieben hat, konstatiert folgende Merkmale: Die Erziehung von Babys und Kleinkindern im Dritten Reich bedeutete „Reinlichkeitswahn, analer Drill, Diffamierung und Verdrängung von Gefühlen, Missbrauch der Schwäche und das Ausgeliefertsein des kleinen Kindes und dessen Nötigung, sich mit dem Mächtigen, dem Aggressor, zu identifizieren, also die ‚Lösung' des ödipalen Konfliktes durch das Sich-Fügen in die gegebenen autoritären Strukturen mit der Folge des Entstehens eines wiederum autoritären Charakters." Es ging gerade bei den Jungen um Abhärtung, Mut, Stärke, Widerstandskraft, kämpferisches

Verhalten und damit um die Negierung von Gefühlen. Denn Gefühle zuzulassen hätte wohl nicht selten bedeutet, dass der Mensch seiner Angst nachgegeben und lieber nach Hause gegangen wäre als weiter zu kämpfen oder sogar zu morden. Kinder wurden als Wesen (oft sogar als feindliche Wesen) angesehen, die man mit rigorosem Drill bezwingen musste. Es war eine autoritäre, auch auf psychische Vernichtung angelegte Erziehung, um alles Individuelle zu nivellieren! Das spezifisch Nationalsozialistische sei jedoch, so Chamberlain, die gewollte Bindungslosigkeit und Bindungsunfähigkeit. Denn nur emotionale Bindungslosigkeit ermöglicht die Abwesenheit von Zwischenmenschlichkeit, die eisige Kälte der Planung und Durchführung von millionenfachem Mord, das grauenhafte, kalte Töten.

Doch zuvor gab es bereits, jahrhundertelang, die autoritäre Erziehung, und die zielte ab auf die Erziehung zum Soldaten. Eltern erzogen vaterländisch und militärisch: Dem kleinen Jungen wurden Zinnsoldaten geschenkt, die Mutter nähte ihm einen kleinen Waffenrock und freute sich, wenn der kleine Vierjährige vor ihr salutierte, der Vater schnitzte ein Gewehr. Der Militärdienst wurde den jungen Männern zur „Schule der Nation", wie es noch ein bundesrepublikanischer Kanzler (Kurt Georg Kiesinger) im Jahr 1969 formulierte. Mädchen bevorzugten ebenfalls ganz eindeutig den schmucken Waffenrock. Intellektuelle oder Handwerker waren lange nicht derart beliebt wie waffentragende junge Männer! Es ging darum, den Mann zu formen, zu kneten, anzugleichen an die Masse durch Drill, Exerzieren, Schikane und totale Unterwerfung. Um, notfalls, im Gleichschritt in den Tod, ins eigene Verderben, in den eigenen Untergang zu marschieren! Die positiven Momente bei diesem Lebenszuschnitt: Geborgenheit, Kameradschaft und Hierarchien, die Entscheidungen abnahmen und das Leben strukturierten.

Um die Entwicklung zur heutigen Geschlechtermisere zu verstehen, müssen wir zurückgehen zum Anfang des 20. Jahrhunderts. Dazu schreibt der berühmte Journalist und Publizist Sebastian Haffner in seiner „Geschichte eines Deutschen. Die Erinnerungen 1914–1933" über seine kindlichen Erinnerungen während des Ersten Weltkriegs:

Männerjahrgänge um 1900 geboren:

„Nun war der Krieg damals für einen Schuljungen in Berlin freilich etwas tief Unwirkliches: unwirklich wie ein Spiel. Es gab keine Fliegerangriffe und keine Bomben. Tatsächlich war ich damals, als Kind, ein Kriegsenthusiast wie man ein Fußballenthusiast ist. Ich würde mich schlechter machen als ich war, wollte ich behaupten, dass ich wirklich ein Opfer der eigentlichen Hasspropaganda gewesen wäre, die während der Jahre 15 bis 18 die erlahmende Begeisterung der ersten Monate hochpeitschen sollte. Ich hasste die Franzosen, Engländer und Russen so wenig wie die Portsmouth-Anhänger die Leute von Wolverhampton ‚hassen'. Was zählte, war die Faszination des kriegerischen Spiels: eines Spiels, in dem nach geheimnisvollen Regeln Gefangenenzahlen, Geländegewinne, eroberte Festungen und versenkte Schiffe ungefähr die Rolle spielten wie Torschüsse beim Fußball oder Punkte beim Boxen. Ich wurde nicht müde, innerlich Punktetabellen zu führen. Ich war ein eifriger Leser der Heeresberichte, die ich nach einer Art umrechnete, nach wiederum sehr geheimnisvollen, irrationalen Regeln, in denen beispielsweise zehn gefangene Russen einen gefangenen Franzosen oder Engländer wert waren, oder 50 Flugzeuge einen Panzerkreuzer. Hätte es Gefallenenstatistiken gegeben, ich würde sicher auch unbedenklich die Toten umgerechnet haben, ohne mir vorzustellen, wie das in der Wirklichkeit aussah, womit ich da rechnete."

Haffner beschreibt die Sinnleere seines Schülerlebens, aber wohl besonders auch seines Jungenlebens, was dazu führte, Inhalte, Spiel und Spannung im Kampf zu suchen –

wie ein Fußballenthusiast. Natürlich weiß er noch nichts von der brutalen und menschenvernichtenden Realität des Krieges, der Schützengräben, des grauenhaften Hungerns und Frierens, der Millionen Toten, die ja alle Kameraden hatten, die diese toten 18- oder 22-Jährigen bergen, begraben und beweinen mussten. Darüber wurde wenig gesprochen, es hätte ja die nächstjüngeren Jahrgänge davon abhalten können, mitzumachen! Oder es hätte sogar die Frauen und Mütter zu Millionen auf die Straße zu Demonstrationen und Sitzblockaden oder zu Gebärstreiks oder Attentaten auf die Generalität treiben können! Wo waren eigentlich in dieser Zeit die Ehefrauen, Mütter, Schwestern und Großmütter?

Die englische Autorin Pat Barker schreibt 1999 in ihrer verstörenden Trilogie „Niemandsland" im Detail die täglichen Grausamkeiten, die junge englische Soldaten im Ersten Weltkrieg erleiden mussten:

„Einer der zahlreichen Widersprüche des Krieges bestand darin, dass sich in diesem brutalsten aller Konflikte eine Beziehung zwischen Offizieren und Mannschaften herausbildete, die etwas Familiäres hatte. Etwas Fürsorgliches. Mütterliches. Und das war nicht der einzige Trick, den der Krieg ihnen spielte. Mobilisierung. Das große Abenteuer. Dabei hockten sie so zusammengedrängt in Erdlöchern, dass von Mobilisierung nicht die Rede sein konnte. Und das große Abenteuer – Inbegriff aller Abenteuergeschichten, die sie als Jungen verschlungen hatten – beschränkte sich darauf, dass sie in einem Unterstand kauerten und auf den Tod warteten. Der Krieg, der so viel ‚männliche' Aktivität versprochen hatte, erzeugte in Wahrheit ‚weibliche' Passivität, und zwar in einem Maße, wie es sich ihre Mütter und Schwestern kaum vorstellen konnten. Kein Wunder, dass sie zusammenbrachen."

Keiner hatte auch nur im Entferntesten damit gerechnet, was ihn erwartete: „In den Schützengräben waren überall Leichen. Man verwendete sie zur Verstärkung von Brustwehren, zum Abstützen einsinkender Türbogen und um Lücken in den

Laufbrettern zu füllen." Es war die Hölle, die diese Männer
erlebten. Kaum ein Autor hat die Grabenkämpfe und die Realitäten des Kriegs so eindrucksvoll beschrieben wie Pat Barker: Die jungen Soldaten, die wochenlang im Schlamm standen und sich ihre Haut von den Beinen ziehen konnten, die
die Augen ihrer durch Granaten zerfetzten Freunde von den
Wänden abkratzten und in ihre Jackentaschen steckten, um
sie irgendwann zu beerdigen – so sie nicht vorher selbst ver-
rückt oder erschossen wurden. Und sie beschreibt das nächt-
liche Spektakel im militärpsychiatrischen Krankenhaus in
England, wenn die dort schlafenden Soldaten alle nahezu
gleichzeitig in der Nacht ihre Alpträume herausschreien.

Diese jungen Menschen, egal ob auf englischer oder deutscher Seite, die begeistert in den Krieg gezogen waren, so wie
sie von ihren Müttern und Vätern begeistert dorthin geschickt
worden waren, hinterlassen als Gefallene Millionen verlasse-
ner Kinder. Kommen sie aus diesem Vernichtungskrieg
zurück, fallen sie nicht selten in einen Abgrund von Sinn-
losigkeit, Verzweiflung und Desorientierung. Oder, wie Sebastian Haffner die 20er Jahre in Deutschland beschreibt:
„Ungefähr 20 Jahrgänge junger und jüngster Deutscher
waren daran gewöhnt worden, ihren ganzen Lebensinhalt,
allen Stoff für tiefere Emotionen, für Liebe und Hass, Jubel
und Trauer, aber auch alle Sensationen und jeden Nervenkit-
zel sozusagen gratis aus der öffentlichen Sphäre geliefert zu
bekommen – sei es auch zugleich mit Armut, Hunger, Tod,
Wirrsal und Gefahr. Nun, da diese Belieferung plötzlich aus-
blieb, standen sie ziemlich hilflos da, verarmt, beraubt, ent-
täuscht und gelangweilt. Und sie warteten schließlich geradezu gierig auf die erste Störung, den ersten Rückschlag oder
Zwischenfall, um die ganze Friedenszeit zu liquidieren und
neue kollektive Abenteuer zu bestehen."

Sie, die in jungen Jahren extrem und mehrfach traumati-
siert worden waren, deren moralisches und emotionales Wer-
tesystem zutiefst zerstört war, die ihren Schmerz keineswegs

in Therapien aufarbeiten noch ihren Frauen berichten konnten, um sie zu schonen oder weil sie keine Worte für das Grauen hatten, sie waren Verwirrte, Vaterverlassene, von den männlichen Obrigkeiten verratene und in den Materialschlachten verheizte junge Männer. Pat Barker lässt einen dieser Zerstörten sagen: Seine Frau „würde nie davon erfahren, weil er ihr nie davon erzählen würde. Wenn sie das Schlimmste wüsste, könnte sie kein Zufluchtsort mehr für ihn sein. Soldaten sagten, dass sie ihren Frauen nichts von Frankreich erzählten, um sie nicht zu beunruhigen. Aber es war mehr als das. Er brauchte ihre Unwissenheit, um sich darin zu verstecken."

Männer um 1920 geboren:

waren Söhne entweder von geschundenen, unter quälendem Hunger leidenden, traumatisierten Kriegskindern oder von Soldaten des Ersten Weltkrieges. Gedrillt durch preußische und später durch die nationalsozialistische Erziehung, welche eine Erziehung der absoluten Bindungslosigkeit propagierte, um die Menschen gefügig, aber auch sadistisch zu machen! Sigrid Chamberlain fasst zusammen: „Jedes Kind, das eine Frau zur Welt bringt, ist eine Schlacht, die sie besteht für das Sein oder Nichtsein ihres Volkes." Die Frau hat sich zu bewähren „als Soldatin im Kampf gegen den Volkstod, als Teilnehmerin an der so genannten Geburtenschlacht oder dem Geburtenkrieg", wie Hitler es forderte und wie Millionen Frauen es in dem damaligen Bestseller „Die deutsche Mutter und ihr erstes Kind" von Johanna Haarer nachlesen konnten.

Es ging um Härte, Kraftproben, die Mütter sollten Strenge, Willenskraft, Unerbittlichkeit schon gegen ihren Säugling einsetzen. Und viele taten es! „Das Baby, das viel allein gelassen wird, dem auf sein Kontaktrufweinen niemand antwortet, dem immer wieder Todesangst zugefügt wird, dieses Baby wird immer wieder einem enormen Stress ausgesetzt. Es hat dann das Gefühl zu zerfallen, sich aufzulösen. In extremen Stresssituationen droht es, subjektiv zu explodieren, sich vollständig zu verlieren in der Weite der unüberschaubaren, bedrohlichen Welt. Und das bereitet einen Typus vor, der aufgrund der eigenen unsicheren Grenzen und des immer fragmentarisch gebliebenen Selbst nie den anderen, gar den Fremden, neben sich wird bestehen lassen können ...", lautet Sigrid Chamberlains Analyse des „nationalsozialistischen Charakters".

Die neue Traumaforschung beweist es dezidiert: Je stärker und anhaltender Traumatisierungen sind, vor allem aber je früher sie einsetzen (und Todesangst ist eine Traumatisierung par excellence), desto tiefer prägen sich diese ins Gehirn ein und steuern das spätere Verhalten. Es könnte sein, dass ein derart im Stich gelassenes Baby bei Stress später dissoziiert, das heißt seine Gefühle abschaltet beziehungsweise abschalten muss, wie damals, als es um sein Leben schrie. So sind auch viele Sadismen und Brutalitäten von Menschen zu erklären, die sonst „normal" wirken. Schlächter und Folterer dissoziierten bei ihren Taten, wenn sie selbst sehr früh geschädigt worden waren, fühlten nichts mehr, wenn sie jüdische Babys gegen die Wand schlugen oder Menschen mit eigenen Händen töteten oder ins Gas schickten.

Das berühmte Erziehungsbuch von Johanna Haarer fand selbst nach dem Krieg unter neuem Titel Anklang bei vielen Müttern. Und ich glaube, dass gerade der Sauberkeitswahn, dem so viele Frauen erlegen waren und sind, noch etwas mit dem Faschismus zu tun haben könnte. Nicht nur als Fortführung dieser Reinlichkeitsideologie (ein „reines, arisches Volk" versus „entartet, äffisch-tierisch, schmutzig, zersetzend", wie es in der Nazi-Terminologie hieß), sondern als unbewusstes Säubern von „schmutzigen Gedanken", von nicht gesühnten Handlungen, wie uns die Psychoanalyse lehrt. Das war das Credo vieler Hausfrauen, bis die 68er Generation mit ihren total und oppositionell verdreckten Wohngemeinschaften, ihren chaotischen Kinderläden und ihrer Negierung von jeglichen Strukturen und Ritualen eine Gegenposition markierte.

„Dreck", konkreter und symbolischer, wurde und durfte nun endlich sichtbar gemacht werden: als Gegenpol zum kleinbürgerlichen, spießigen, alles Problematische und die eigene Schuld verleugnenden „Unter-den-Teppich-Kehren"!

Männer um 1940 geboren:

Über diese Kriegskinder, die „schweigende Generation", ist in den vergangenen Jahren viel berichtet worden. Gerade die Jungen mussten nicht selten die Väter in den Familien ersetzen, wurden notgedrungen parentifiziert, mussten für ihre Mütter sorgen, ihre jüngeren Geschwister beschützen, die Familien durchfüttern, Kartoffeln klauen und danach Deutschland neu aufbauen. Sie durften nicht fühlen, mussten handeln, eine enorme Verantwortung viel zu früh übernehmen. Der Psychoanalytiker und Autor Tilmann Moser nennt es „Sorge als tragendes Element". Männer der Kriegskinder- oder der zweiten Generation tragen nicht selten schwer an ihrer Verantwortung, „opfern" sich für „ihre Leute" (also für Familie, Anvertraute oder Untergebene) auf, nicht selten bis „zuletzt". Manche bis zu einem Herzinfarkt! Genau, wie ihre Väter es an der Front taten. Auch ist vielen dieser Männer das diffuse, nicht zu ortende Gefühl bekannt: Ich kann Frauen nicht glücklich machen! Alles, was ich mache, ist falsch! Dies könnte auf einer Wiederholung der Ohnmachtsgefühle ihrer Väter beruhen, die ihre Frauen und Kinder zu Hause nicht schützen konnten, während sie selbst im Feld täglich in großer Einsamkeit und in völligem Getrenntsein von allen Angehörigen, allem was ihnen lieb und teuer war, ihr Leben riskierten und lange Jahre ihrer Jungmännerzeit im Krieg ausharren mussten. Und, so sie überlebten, nach 1945 zutiefst beschämt nach Hause schlichen.

5,25 Millionen Männer waren gefallen und hinterließen Millionen von vaterverlassenen Kindern. Das war normal! Einerseits. Andererseits eine immer währende Wunde, eine tiefe Verletzung. In einem „Lob der Vaterlosigkeit" beschreibt Irene Böhme, Jahrgang 1933, die problematischen Situationen nach der Heimkehr der Männer und Väter: Jugendliche lungern auf den Steinstufen der ausgebombten Häuser: „Erscheint eine unbekannte graue oder graugrüne Gestalt mit einem Sack auf dem Rücken, einer Landsermütze auf dem Kopf, verstummen wir. Ein Heimkehrer naht. Ein Haushalt wird wieder einen Herrn bekommen. Wen wird es treffen? Der Heimkehrer betritt Nummer acht, der Glücksschrei einer Frau schallt aus dem geöffneten Fenster, dann Geheule, dann Gerede. Wir Kinder sitzen starr, rücken unauffällig näher aneinander. Nach langem Schweigen sagt der Älteste: ‚Heinzchen, geh deinen Vater begrüßen.' Zögernd steht der Zehnjährige auf, sieht jeden von uns noch einmal mit aufgerissenen, toten Augen an, trollt sich zur Nummer acht. Was ihm bevorsteht, wissen wir alle. Wir Kinder kennen alle Variationen des schwierigen Sich-Eingewöhnens der Männer im Nachkriegsdeutschland. Das merkwürdige Verhalten dieser unbekannten Wesen ist unser Thema." Irene Böhme postuliert indirekt eine bessere Welt ohne Männer. Nur schreibt sie nichts darüber, was aus den kleinen Söhnen, die eines Tages zu Männern werden, eigentlich werden soll.

Männer um 1960 geboren:

Die Generation des Friedens. Geprägt von Vätern und Großvätern, die beide Weltkriege erlebt hatten. Die ihren Kopf hingehalten hatten, wie zu allen Zeiten, für den Staat, für politische Zwecke. Ohne eigene Entscheidungsgewalt, stumm, ausgeliefert, verzweifelt harrten sie aus, wurden millionenfach verwundet, getötet oder gerieten in Gefangenschaft. Und zurück kamen sie in eine ihnen fremde Welt. Die Frauen erstarkt und selbständig geworden durch die Kriegs- und Nachkriegsgeschehen. Die Familien hatten sich zurechtgefunden ohne die Väter. Und dann der ausbrechende Vaterhass der 68er Generation, der Familien spaltete und tiefste Wunden riss, von denen viele nicht mehr zu heilen sind! Daraus resultiert eine bis heute anhaltende Entidealisierung und Männerverachtung auf Seiten der Frauen und eine schuldbewusste Selbstverleugnung der Männer, die bis zur Selbstzerstörung reicht, weil es auf der Handlungsebene fast ausschließlich Männer waren, die die Kriege angezettelt, den Faschismus geprägt, die Grausamkeiten ausgeübt hatten und als verlorene Soldaten wieder zurück nach Hause kamen. Um dort den Rest ihrer Männlichkeit nicht selten in Form von Familiendominanz und Terror auszuagieren.

Horst Petri vergleicht fünf Vätergenerationen (vor 1930, um 1940, 1950, 1960 und 1970 geboren) und entdeckt vier unterschiedliche Erziehungsverhalten. Die vor 1930 Geborenen seien sozusagen die klassisch autoritären Väter mit einem strengen und tyrannischen Über-Ich, welches durch ihre lange Abwesenheit (Krieg und Gefangenschaft) noch verschärft wird. Hinzu kommt häufig noch die Verherrlichung des „Führers" in einer gottähnlichen Vaterrolle.

Die um 1940 Geborenen seien zerrissen von Schuld und Scham in Bezug auf ihre Eltern, was sich in einer widersprüchlichen Erziehung niederschlägt und sich durch eine Aufspaltung in ein „gutes" und ein „böses" Vaterbild bemerkbar macht, wie Petri es beschreibt. Doch allmählich kommt es zu einer liberaleren Erziehungshaltung. Problematisch wird es aber für sie, weil Frauen sich emanzipieren und verstärkt berufstätig sind, was die Männer tief verunsichert. Zudem müssen sie noch viel Aufbauarbeit leisten, was sie von den Familien fern hält – ob sie wollen oder nicht. Einerseits möchten sie ihren Kindern mehr Väterlichkeit bieten, andererseits sind sie eine verunsicherte Vätergeneration, was die Inhalte und Formen anbelangt.

Dagegen sind für Petri die „Wirtschaftswunderkinder" in Westdeutschland, um 1950 geboren und Mitte der 70er Jahre Väter geworden, sehr stabil, er nennt sie die demokratischen Väter. Sie haben ein „freiheitlich orientiertes und seelisch derart gefestigtes Vaterbild entwickelt, wie es die Geschichte nach Überwindung des Patriarchats in dieser Form vielleicht noch nie hervorgebracht hat."

Die 1960 und 1970 Geborenen dagegen erleben bereits den stetigen Zerfall familiärer Strukturen mit der Fluchtbewegung – gerade von Jungen und Männern – in die Medienwelten. „Mit diesen frühen Entfremdungserfahrungen, mit ihren gebrochenen Vaterbildern, den Trennungs- und Vereinzelungserlebnissen stehen diese jüngsten Vatergenerationen vor einer Welt, deren grundsätzlich gewalttätiger Charakter immer offener zutage tritt." Petri beschreibt es als ein „gebrochenes Vaterbild".

Und die Vaterentmachtung schreitet voran: „Mein Bauch gehört mir" war die berechtigte Parole bei der Abtreibungsdiskussion: Die Frauen wollten sich nicht länger von den (relativ wenigen, aber mächtigen) Männern der Kirche und Politik bestimmen lassen, aber es führte zu einer weiteren Entmachtung aller Männer. Hinzu kommen die modernen Reproduktionsmethoden, bei denen die Männer immer überflüssiger werden.

Wir Frauen haben ja immer ein offenes Ohr für psychosomatische Zusammenhänge. Warum eigentlich nicht für folgende: Wenn Männer zunehmend aus den Familien ausgegrenzt werden, wenn ihre vornehmsten Eigenschaften wie das Beschützen, Ernähren und Umsorgen nicht mehr gefragt sind, dann ist es kein Wunder, dass es einen Einfluss auf die Qualität ihrer Spermien hat, zumal immer mehr Frauen „die Hosen anhaben". Und immer fordernder werden. In den USA, England und den Niederlanden gaben 79 Prozent der befragten Frauen an, in Sachen Sexualität „fordernder" als ihre Männer zu sein. Und 21-Jährige schlucken bereits Viagra, um dem sexuellen Druck der Partnerin standhalten zu können.

Der Philosoph Konrad Paul Liessmann schreibt im Jahr 2000 über Väter, deren gesellschaftliche Funktionen endgültig verloren sind: „Die Vermittlung von Innen und Außen organisiert die Informationsgesellschaft nicht mehr über den Vater, aber auch nicht über die berufstätig gewordene Mutter. Durch ihre Medien dringt sie selbst unmittelbar ein in das Bewusstsein der Heranwachsenden, die nun nicht mehr die Vaterfigur als Personifikation von Gott, Geld und Gesetz verinnerlichen, sondern diese Instanzen in einer zum Monitor mit Internetanschluss materialisierten Form im Kinderzimmer selbst stehen haben. Der Computer wird nicht nur zum Altar, an dem sich die Gesetze der digitalisierten Welt offenbaren, nicht nur zu einer Maschine, mit der man wunderbare Geldvermehrungsstrategien in Gang setzen kann, sondern auch zur dingfest gemachten Schnittstelle zwischen Intimität und Distanz, zwischen Innenwelt und Außenwelt. Keinem Heranwachsenden, der sich auf der Höhe der Zeit bewegt, würde es einfallen, seine Eltern danach zu fragen, was sich in der Welt tut. Die Dynamik des Unbewussten hat sich damit eine entinnerlichte Gestalt gegeben, die aber nah genug ist, um sich in Permanenz zu präsentieren und die Kontrolle über das Kind zu übernehmen."

Das heißt, Väter und Männer werden nicht nur entthront und real entmachtet, nein, auch die Mütter, die gesamte Familie als Erziehungsinstanz ist überholt und dem Diktat der Medien unterworfen. Es ist eine Entwicklung, die mit einer Veränderung der Gehirnstruktur einhergeht, welche man bereits beobachten kann. Wobei die psychische Instanz des Gewissens immer stärker verlorengeht, wie der Kindertherapeut Wolfgang Bergmann im Jahr 2000 in seinem brisanten Buch „Abschied vom Gewissen. Die Seele in der digitalen Welt" analysiert. Eine Aussicht, die einen schaudern lässt!

Das Schweigen der Männer, das Zerren der Frauen oder: Wie aus der Liebe ein Konflikt wird

Immer wieder das Schweigen. Wie eine bleierne Decke liegt es über uns allen. Zunächst war es „das Grauen", welches diffus seit nunmehr fast hundert Jahren in den Familien herumwabert. Das Grauen aus dem Ersten Weltkrieg, aus Verdun, von der Somme: Beinstümpfe und zerschossene Gesichter, die Schmach der Versailler Verträge, ewige Alpträume, über die nie am Frühstückstisch gesprochen werden durfte, denn es hätte ja die Väter beschämt, als Besiegte kamen sie zurück. Und dann wollten sie schlicht vergessen, die verlorenen Jahre verdrängen, ein Stückchen Jungsein genießen nach den Jahren im Schlamm, in Dreck und Blut, unter Entbehrungen und in der Einsamkeit. Es war, gerade auch nach dem Zweiten Weltkrieg, diese unauflösbare Verwirrung von Schuld, Scham und Leid. Doch „ihr Schweigen hat ihnen die Heimkehr verwehrt – und ihren Kindern Heimatlosigkeit beschert," stellt Cora Stephan in ihrem Aufsatz „Das Schweigen der Männer" fest.

Die Verweigerung der Verantwortung führte aber auch dazu, dass die Nachgeborenen sich als Mittäter fühlen, als seien wir quasi genetisch mitschuldig. Woraufhin in den 60er Jahren die totale Infragestellung von fast allem folgte, was diese Vätergeneration nach dem Krieg aufgebaut hatte. Die Rache von uns Töchtern und Söhnen war größer als wir damals ahnten: Die Weigerung, den Toten Respekt zu zollen, muss für die Beteiligten, die Betroffenen, unerträglich gewesen sein! Anders als in England oder Frankreich, wo jährlich der Kriegstoten mit großen Ehren gedacht wird, gibt es in unserer Generation nur ein verschämtes und verklemmtes Ausklammern und Verleugnen.

Cora Stephan beschreibt es folgendermaßen: „Aber in den Kindern keimte der Verdacht. Der Verdacht, dass diese gemarterten und marternden Väter etwas zu verbergen hatten. Die Alten schwiegen – also hatten sie etwas zu verschweigen. Ja, wer so schwieg, so verbissen, so wütend, so laut schwieg, der musste besonders viel und besonders Schlimmes zu verschweigen haben. Die antiautoritäre Revolte 1968 hat die Welt der Väter für unwert erklärt. Der moralische Rigorismus dieser Generationsgenossen ist am Generalverdacht gegen die Alten gewachsen. Wir haben uns gerächt – für den Fluch, mit dem sie uns straften für ihre Verbrechen. Wir haben sie zurückverflucht. Indem wir ihre Tradition verachteten, ihr Herkommen ignorierten und ihren Toten nicht nur den Respekt, sondern auch die Erinnerung verweigerten." Und es war eine furchtbare Rache an dieser Vätergeneration: Den so jung gefallenen Brüdern, Vettern, liebsten Freunden, den Kameraden in schrecklichster Not den Respekt zu verweigern, sie totzuschweigen! Ein erneutes „Vernichten"! Es ist der biblische Fluch: Der Väter Schuld sollt ihr büßen bis ins dritte und vierte Glied ...! Und wir haben sie büßen lassen!

Das war der eine Grund, der das Sprechen per se verhinderte, Paare trennte, Generationen ebenso.

Der zweite war das Schweigen aufgrund der unterschiedlichen Sprachen von Männern und Frauen. Besonders Müttersöhne tun sich schwer damit, der gefühlsbetonteren Sprache von Frauen stand zu halten. Diejenigen, denen keine Väter in der Kindheit und besonders in der Pubertät den Rücken stärkten gegen die überbordende Emotionalität von Frauen, haben Angst, genauso wie von ihren Müttern auch von ihren Partnerinnen „verschlungen" zu werden. Sie gehen deswegen auf Abstand, sind auf der Hut und schweigen! Und außerdem haben sie nie gelernt, sich positiv abzugrenzen, ergo tun sie es mit Schweigen und Grummeln. Besonders die sanften, gutmütigen Männer fühlen sich oft in der Defensive, weil sie nicht in die Machorolle fallen wollen, aber eine offensive Haltung den Frauen gegenüber noch nicht für sich gefunden haben. So trauen sie sich nicht, ihre Identität zu zeigen, ihre Kanten und Ecken, ihre eigenen Wünsche anzumelden oder sogar durchzusetzen. Aber auch: Im Kontakt mit ihren Frauen, die sich dies sehnlichst wünschen, sich auseinander zu setzen, ein wirkliches Gegenüber zu sein! Und das mündet immer wieder in den gleichen Kreislauf: Ängstliche Männer stützen nicht vehement genug ihre Söhne, und emotional überfließende Frauen produzieren Muttersöhnchen ...

Hinzu kommt, dass Frauen die sachliche Sprache von Männern oft abwerten, ihre eigene Sprache als das Nonplusultra ansehen und nicht bereit sind, die Zwischentöne und nonverbalen Botschaften zu entschlüsseln. Auch nicht die vielen Gesten von Liebe, weil sie meist von Liebe nur sprechen und hören wollen. Nicht die liebevoll gebastelten Dinge, welche das Leben angenehmer machen, nicht die Taten: das selbstverständliche Schneeschaufeln, das häufige Sichselbst-zurück-Nehmen zugunsten der Frauen und Kinder. (Überprüfen Sie einmal: Wer bestimmt die Zimmerfarbe und wer wählt das Hotel, die Schule des Kindes und das Ziel für die Wochenendausflüge? Wo ist er und wo ist sie „Bestimmer"? Strichlisten über zwei Monate sind da sehr viel genauer als der subjektive Eindruck!) Und wenn dann die Frauen kritisieren, meckern und zicken, dann wird es wieder so wie bei der Mutter zu Hause, der der Sohn ausgeliefert war, wenn kein stärkender Vater präsent, taff und männlich seinen Job machte und die Mutter in ihre Schranken wies, ihre Übergriffe parierte!

Männer sind kraft ihrer Gehirnstruktur stärker auf den Reiz von Zahlen und Maschinen und weniger auf Sprache ausgerichtet, das heißt, sie ignorieren eher als Frauen ihr Innenleben und erfahren nur im Verliebtheitsrausch eine extreme Annäherung an das weibliche Denken und Fühlen. Nur dann „erlauben" sie sich die weichen Seiten ihrer eigenen Möglichkeiten und genießen Sonnenuntergänge, Gedichte und Romantik! Das ist wie Ferien vom anstrengenden Konkurrenzkampf des Lebens, von der verbalen Gewalt unter Männern, vom Kampf ums Dasein, den Krediten fürs Haus, dem täglichen Schuften für den schönen Urlaub mit der Familie. Im Verliebt-Sein ist der Mann raus aus seiner Männerwelt, sozusagen im Exil. Aber dieser Zustand ist anstrengend, weil ungewohnt und fremd. Männer verändern sich in der Liebe viel stärker als Frauen, so Dietrich Schwanitz in seinem Buch „Männer. Eine Spezies wird besichtigt". Der Verliebte legt zeitweilig die Ritterrüstung ab, wird zivilisiert, pflegt sich plötzlich, ihn interessieren seine Kumpel und die blöden Witze nicht mehr so stark, er genießt und partizipiert als Gast an der zivilisierten Welt. Doch irgendwann ist jeder Urlaub, hoffentlich auch jedes Exil zu Ende, er muss und will zurück in die Männerwelt voller Konkurrenz und Kampf. Doch: Je größer die Liebe und die Intimität, desto schutzloser hat er sich gemacht, desto stärker muss er wieder dichtmachen, desto böser der Konflikt danach, weil die Frau glaubte, das Verliebtheitsgesicht sei das normale. Sie selbst hatte in ihrer Verliebtheit natürlich ebenfalls auf Wolke Sieben geschwebt, war nicht wirklich in der Realität und wollte diese partout nicht sehen, ist außerdem selbst emotional so bedürftig, dass sie – nach dem Erwachen in der Realität – seine Normalität als enorme Kränkung auffasst, als Verrat (oftmals lebenslang) speichert. Und sie beschwert sich, dass ihr Mann so ist, wie er eindeutig und für jedermann sichtbar schon immer gewesen war!

Aber warum sind Frauen so kränkbar? Diese narzisstische Struktur, ein Generationenmerkmal in Westdeutschland seit den 70er Jahren (doch Ostdeutsche holen massiv auf), wird in den ersten Lebensjahren gelegt. Von Müttern, die nicht wirklich präsent sind, die beim Stillen fernsehen, die mehr mit ihrem Handy als mit ihrem Kind sprechen, die zu wenig einfühlsam sind oder depressiv oder alkoholkrank oder ... Und:

Es kann niemals der Job eines Partners, einer Partnerin sein, diese tiefsten Kindheitswunden zu heilen und -sehnsüchte zu erfüllen. Vielleicht ist es das größte Missverständnis in Beziehungen: Der Wunsch – gerade von Frauen –, nachgenährt zu werden. Diese Sehnsucht geht manchmal, zu Beginn im Verliebtheits- und Symbioserausch, jedoch nur in Sternstunden in Erfüllung. Doch Sternstunden sind im Leben rar, immer nur Geschenke, keineswegs mit dem eigenen Willen herbeizuführen, geschweige denn herbei zu zicken. Überhaupt nicht einklagbar, da sie Geschenke sind!

Die männliche Coolness, das männliche schweigende Dulden und Aushalten ist lebenswichtig für die Gesellschaften aller Zeiten, aber führt in (Beziehungs-)Krisen natürlich eher zu Ex- oder Implosionen, weil Männer die Fähigkeit zur intimen Sprache nicht wirklich besitzen. Besonders dieses männliche Schweigen, das karge, auf das Wesentliche reduzierte Sprechen suchen sie dann in den Gruppen, Gangs, Klüngeln, Seilschaften, Gremien, Konferenzen, Stammtischen, wo sie sich wohl fühlen, aber auch mit allen anderen in Konkurrenz treten. Was ihre asymmetrische Kommunikation, sprich: den Hang zum Monologisieren fördert. Wohingegen Frauen eher symmetrische Gesprächsformen, den Dialog, beherrschen, so sie nicht logorrhöisch sind, das heißt unter einem nicht zu bremsenden Sprachfluss leiden, mehr noch: andere massiv leiden lassen.

Kommunikationsformen brauchen immer (mindestens) zwei Teilnehmer, weswegen Schwanitz in seinem Buch über Männer feststellt: „Jede Frau sollte sich also vor Augen halten, dass ihre Überlegenheit in der Kommunikation zu der Vernageltheit ihres Mannes beiträgt. Ihr Kommunikationsstil ist eindeutig differenzierter. Spätestens wenn sie das betont, setzt sie sein Immunsystem in Gang. Ihre Kommunikation muss also wie ein Virus seine Immunabwehr bezwingen." Jeder macht sein Kommunikationsverhalten vom anderen abhängig. Zumal gerade die schweigsamsten Männer oft eine große Faszination auf Frauen ausüben: Sie wollen sie knacken, ihre intuitiven und emotionalen Kräfte an ihnen austoben und Bezwinger des Schweigens werden. Frei nach dem Motto: Nur ich kann ihn verstehen! Nur ich kann den Frosch küssen, ihn erlösen und dann wird er mein Prinz! Eine Größenphantasie, oftmals neurotisch zu nennen! Liebe ist eine Form der Kommunikation, ebenso wie der Konflikt. In beiden Situationen haben die Parteien immer das Gefühl, der oder die andere hätte angefangen, man selbst würde nur reagieren: „So wie in der Liebe die Konsensunterstellung einen Tanz der gegenseitigen Bestätigung auslöst, so wird der Konflikt ein Wettbewerb wechselseitiger Entwertung. Und so, wie man in der Liebe den anderen als Spiegelbild der Ähnlichkeit erlebt, so erscheint im Konflikt jedem der Kontrahenten der andere als völlig von ihm verschieden. Wie die Liebe macht auch der Konflikt blind – blind vor Wut. Und wie in der Liebe wird der Gegner zur wichtigsten Person im Leben: Ihm zu schaden wird das höchste Ziel. Sich gegen ihn zu wehren wird zum Lebensinhalt", konstatiert der Autor Dietrich Schwanitz.

Wirklich seltsam: Es sind ja tatsächlich dieselben Menschen, denen wir uns zunächst so ähnlich, wie aus einem Guss, geschwisterlich und ohne Differenzen nah fühlen, bis sich die Ferne einstellt, die Realität sich ihren Platz zurückerobert hat und eben diese Menschen uns dann im Streit wie Wesen von einem anderen Stern vorkommen! Es ist wie mit der Höflichkeit: Höflich sind wir meist zu Fremden, zu unseren Liebsten sind wir am wenigsten höflich, aufmerksam, achtsam und laufen nur zu Hause im Jogginganzug rum und nerven dort auch am meisten! Wie schade!

Die Ehe: Von der Notgemeinschaft zur romantischen Verklärung mit immer rascherem Verfallsdatum

In den traditionellen Ehen und härteren Zeiten waren die Rollen noch klar definiert: Beide Geschlechter fühlten sich allein dem Leben, der Umwelt gegenüber machtlos, taten sich zusammen, um gemeinsam zu überleben und ihre Kinder aufzuziehen. Die Männer setzten draußen (Jagd, Feldarbeit und bei fast allen körperlichen Arbeiten) ihre Gesundheit, nicht selten ihr Leben aufs Spiel, die Frauen beim Kindergebären und im Haus. Beide, wenn man so will, beuteten sich gegenseitig aus, oder positiver formuliert: Beide ergänzten sich, streng arbeitsteilig, nahezu auf ideale Weise. Wobei man nicht vergessen darf, dass es bis in das 20. Jahrhundert hinein um das tägliche Brot, das Überleben in den endlosen Kriegen und Hungersnöten ging (und in vielen Teilen der Welt noch geht). Doch es war eine offensichtlich gut funktionierende Überlebensgemeinschaft, denn die Menschheit vermehrte sich munter. Dies alles hatte jedoch mit Liebe nicht viel zu tun. Schön, wenn die sich einstellte, aber auch Respekt war eine gute Grundlage für dieses damals nicht so besonders lange (Zusammen-)Leben.

Erst als Eltern im Alter nicht mehr von ihren erwachsenen Kindern abhängig waren (mit der Einführung der Renten durch Bismarck), erst als Frauen ökonomisch unabhängiger wurden, wurde diese Gemeinschaft in Frage gestellt. Denn die Unauflöslichkeit der Ehe war nicht in erster Linie als Quälerei für Frauen gedacht gewesen, sondern zu ihrem Schutz, da sie ohne männliche Versorgung nicht hätten überleben, geschweige denn Kinder großziehen können. Dieses uralte genetische und kulturelle „Programm" ist bis heute daran abzulesen, dass Frauen immer noch „nach oben" heiraten wollen oder sich dorthin zumindest träumen. Macht und Einfluss wirken als Aphrodisiakum, versprechen „bessere Kinder" und bequemere Überlebenschancen. In den wöchentlich erscheinenden Millionen von Groschenromanen und goldenen Blättern wird diese Sehnsucht nach weißer Hochzeit und dem Aufstieg tradiert.

Männer übernehmen kraft ihres inneren und jahrtausendealten Auftrags die Beschützerrolle. Ihre Art der Fürsorge ist außerdem: Geld zu verdienen, und sei es durch gefährliche, aber besser bezahlte Jobs, möglicherweise auch durch das Leben in Einsamkeit, Trennung oder Rechtlosigkeit (Leih- und Wanderarbeiter), beziehungsweise die Gefahr eines Herzinfarktes durch permanenten Stress. Nicht alle Männer sind Workaholics und verliebt in ihre Arbeit, sondern für die meisten bedeutet Arbeit unendliche Mühe, Plackerei und Trübsal. Sie werden jedoch getrieben von dem Wunsch, es der Familie recht zu machen, es ihnen besser ergehen zu lassen, um ihre Dankbarkeit und vielleicht sogar Liebe dafür zu „ernten".

Wie anders als durch diese inneren Aufträge lässt sich erklären, dass sich überall auf der Welt Hunderttausende von Männern aufmachen, um in der Fremde einen Job zu suchen und getreulich über ein, zwei, zehn Jahre monatlich das verdiente Geld der Familie zu Hause überweisen? Wir nehmen nur wahr, wenn dieses System nicht funktioniert, wenn ein Mann sich „absetzt", vielleicht eine neue Familie gründet. Es wird weder darüber gesprochen noch danach gefragt, was die Millionen Männer antreibt, die dies nicht tun, sondern sich schinden, einschränken, unter erbärmlichen Diskriminierungen leben, in der Einsamkeit auf Montage, in Mehrbettzimmern, in dreckigen Wohnwagen, um der fernen Familie Geld zukommen zu lassen und es keineswegs für sich verprassen. Fast ein „Selbstaufopferungstrieb"?

Der Mann schützt seine Familie vor Sturm und der verstopften Toilette (oder kennen Sie eine Frau, die diesen Job übernimmt, wenn ihr Mann anwesend ist?), wenn es brenzlig

wird, muss er sich mit renitenten Nachbarn oder Lehrern auseinandersetzen und die nervige Steuererklärung meist noch
nebenbei machen.

Gehen Sie davon aus, dass eine Frau ihren Mann tatkräf-
tig, unter Einsatz ihres Lebens, vor einem Einbrecher
beschützt? Oder auch nur den Wagen bei Schnee noch rasch
in die Garage fährt? Oder hätte sich je in der Geschichte eine
Frau mit einer anderen Frau im Morgengrauen duelliert, weil
diese ihren Mann beleidigt hatte? Was würden wir sagen,
wenn im Golfkrieg mehr Soldatinnen als Soldaten ihr Leben
gelassen hätten und täglich dort stürben?

Weibliches Personal darf in den US-Streitkräften zwar Karriere machen, zu Friedenszeiten bei gleicher Bezahlung, doch
dürfen Frauen bei Ausbruch eines Krieges wählen: an die
Front oder nur auf die sicheren Posten dahinter! Männer
haben überhaupt keine Wahl: Sie müssen in den Kampf und
müssen ihr Leben riskieren! Und wenn sie sich über diese gravierende, für sie und ihre Kameraden oft tödliche Ungleich-
heit beschweren, heißt es, sie würden die Frauen diskriminie-
ren. Die diskriminierten Männer dürfen nicht klagen!

Oder: 40 Prozent der Soldatinnen werden regelmäßig vor
einer Stationierung schwanger, um den Einsatz zu umgehen,
viele treiben anschließend ab, wenn der Fötus seine Aufgabe
erfüllt hat, zitiert Warren Farrell eine US-Studie.

Kinder beiderlei Geschlechts sind unschuldig. Erwachsene,
die mit den Schattenseiten des Lebens vertrauter sind, bieten
ihnen Schutz. Traditionelle Frauen konnten in dieser
Unschuldssituation noch lange verharren, waren befreit vom
schmutzigen Leben (Arbeit), vom schmutzigen Geldverdienen,
von den schmutzigen Geschäften, dies aber nur, weil traditionelle Männer ihnen diesen Schutz boten: durch ihren Körper,
ihr Geld und nach ihrem frühen Tod durch ihr Erbe (Rente).

Die Frauen waren befreit davon, aber gleichzeitig auch
ausgegrenzt und in einer unmündigen Position. Wie so man-
ches im Leben: Mit Vor- und mit Nachteilen!

Schon junge Söhne übernahmen eine Schutzfunktion für die Mütter und Schwestern, mussten sich viel früher mit dem Bösen, dem Schmutz der Welt auseinandersetzen. Weswegen sie sich in „unschuldige, reine Mädchen" verliebten. Denn diese symbolisierten den eigenen Teil, der ihnen auf dem Weg vom unschuldigen Kind zum Mann verloren gegangen war: die tiefe Sehnsucht nach Reinheit, Spiritualität, Gedichten, Sonnenuntergängen, Herzensromantik. Das bot das Mädchen in der Verliebtheitsphase sehr gezielt, und wunderte sich, dass dieses Bedürfnis in der Ehe abnahm. Wieder abnahm, weggedrängt werden musste, da der Mann ja nun noch für eine zweite, dritte und vierte Person verantwortlich war.

Und da haben wir einen der klassischen Ehe- und Verständniskonflikte: Er verliert sich wieder in der harten Männerwelt, um seiner Liebsten etwas zu bieten, sie zu schützen, sie zu ernähren. Sie klagt, weil er nicht bei den Gedichten blieb, klagt ihn auch an, was ihn verbittert. Er erfüllt seinen Teil des „Vertrags", aber sie bleibt ewig unzufrieden und brennt eventuell mit dem Yogalehrer durch.

In Kriegszeiten wird es noch dramatischer: Die Männer werden von Machthabern gezwungen, ausschließlich und brutal ihre männlichen Seiten zu leben: Kampf, Angriff, Verteidigung, monatelange Isolierung unter Männern, Entfernung von zu Hause, das Erleiden von Traumata, oftmals täglich, wenn Kameraden neben ihnen erschossen werden und sie deren Gliedmaßen einsammeln müssen. Die Folge: Verrohung und extreme Reduzierung auf das physische Überleben.

Die Frauen zu Hause dagegen konnten etwa nach dem Zweiten Weltkrieg sowohl ihre weiblichen als auch ihre männlichen Anteile ausleben. Anima und Animus waren ausbalancierter, weswegen Frauen widerstandsfähiger wurden. Kamen die Männer dann aus dem Krieg zurück, prallten zwei Systeme aufeinander, die sich nicht mehr ergänzten, sondern den

„Krieg" jetzt zu Hause führten. Denn je größer die Liebe, desto größer der Schmerz und der Hass. Vielleicht sind deswegen die Kriegsmetaphern entstanden:

Rosenkrieg
Scheidungsschlacht/-kampf
Sich bis aufs Blut hassen/bekämpfen
Jemanden bluten lassen/ausnehmen/vernichten

Kein Krieg ist so blutig und schmerzhaft wie ein Bürgerkrieg, wenn vorher befreundete, geliebte Kombattanten nun gegeneinander zu Felde ziehen. Und manche Scheidungen sind Bürgerkriege! Denn die vorher geteilte Intimität macht die Parteien schutzlos, jeder fühlt sich entblößt und jeder Angriff wirkt besonders bösartig und perfide. Dietrich Schwanitz unterscheidet die Kampfarten von Männern und Frauen: Männer verfügen notfalls über schweres Geschütz, können Gewalt ausüben. Frauen sind eher mit Sabotageakten und Partisanenkämpfen beschäftigt, die Zermürbungstaktik gehört dazu, der Guerillakrieg. Im Vorfeld auch so kleine Stiche, die keine große Schlacht rechtfertigen würden, keinen offenen Krieg, nur Hilflosigkeit und Verwirrung produzieren. Schlimm auch, dass die Kriegsschauplätze überall sind, den Alltag vergiften. Schwanitz schreibt: „So wie für Männer der massive Konflikt normal ist, ist für Frauen der Konfliktvermeidungsguerillakrieg normal. Und so wie Frauen sich im großen Krieg hilflos fühlen mögen, sind Männer im Guerillakrieg praktisch hilflos. Die Dinge, um die es geht, liegen unterhalb der männlichen Wahrnehmungsschwelle. Ob frische Brötchen oder welche zum Aufbacken, was soll's? Indem sie ihn durch ihre Meckerei dazu nötigt, sich um diese Kleinigkeiten zu kümmern, verkleinert sie ihn in seinen Augen selbst. Dagegen sträubt sich sein ganzes Wesen. Er weigert sich und leidet und schweigt. Sie meckert ins Leere, er schweigt und leidet." Seine Explosionen – angeblich über eine Nichtigkeit –

sind Ausdruck seiner seit Wochen, Monaten, Jahren aufge-
stauten Wut über ihre Erniedrigungen! Hinzu kommt seine Angst vor der (auch kommunikativen) Enge, die er schon zu lange bei der eigenen Mutter genossen und erlitten hat. Bei ihr eher die Angst vor der Leere, vor die-sem Gefühl, das durch einen abwesenden, nicht achtsamen Vater zurück blieb. Deswegen ihr ständiges Verlangen, gespie-gelt, beachtet und bewundert zu werden, ihre Gier nach einem männlichen Blick! Nichts läuft ohne die Vergewisse-rung, dass sie toll, super, einmalig und attraktiv ist ... Da nützt aller Erfolg im Beruf und bei den Freundinnen nichts, ihre innere Vaterleere ist grenzenlos und möchte aufgefüllt wer-den! Täglich!

Außerdem: Männer lieben die Eindeutigkeit und sind allergisch gegen Beziehungs- und Verwirrfallen: Lass dich doch nicht so herumkommandieren! Sag mir gefälligst frei-willig, dass du mich liebst! Sei – verflixt noch mal – endlich spontan! Sei ein Mann! Alles double-bind-Botschaften, denn wenn ein Mann auf Befehl spontan und eigenständig ist und Liebesschwüre äußert, dann ist ja gerade das Männliche (nämlich frei, stolz und eigenverantwortlich zu sein) zunich-te!

Was tun? Sich selbst in der Rolle als Kontrahentin, als gleichberechtigtes Mitglied eines Dramas sehen und seine zum hundertsten Mal gleich ablaufenden Mechanismen erkennen. Ebenso wie die eigenen, zum hundertsten Mal gleich ablaufenden Retourkutschen! Raustreten aus dem Kreis, welcher sich durch die Liebe und den Konflikt gebildet hat wie die Dornenhecke bei Dornröschen. Raus aus der Iso-lierung, aus der fixierten Zweierkiste, raus aus der Idealisie-rung. Dies ist besonders wichtig, denn die Kehrseite der anfänglichen Idealisierung ist immer die Ent-Täuschung und oft die Ent-Wertung!

Doch es lohnt sich hinzugucken, wie der Partner wirklich ist! Sich helfen zu lassen, sich selbst von außen zu betrachten bringt Entspannung! Aber wer traut sich, die besten Freunde zu fragen: Wie seht ihr MICH in unserem Konflikt? Was mache ICH falsch? (Leichter, die besten Freunde auf Verschwörung gegen den anderen zu verpflichten!) Therapeuten können helfen mit einem Blick von außen, objektivieren die Handlungen, verbalisieren die Kriegsstrategien, decken die verschütteten Sehnsüchte auf, helfen neue Lösungen zu suchen. Helfen, einen realistischen Blick auf die Welt, die Partner, sich selbst zu finden. Jenseits der Sehnsuchtserwartungen und Täuschungen. Denn jeder Involvierte trägt 50 Prozent Verantwortung (nicht Schuld!) für das Geschehen, nicht mehr und nicht weniger! Und nur die eigenen 50 Prozent lassen sich ändern!

Eine erprobte Strategie dagegen: Selbstironie. Nicht immer das gleiche machen, sagen, argumentieren, sondern sich selbst ironisieren, sich selbst ironisch bezichtigen und humorvoll anklagen! Sie werden staunen, wie rasch der Partner/die Partnerin mit der Beschwichtigung bei der Hand ist: „Ja, stimmt schon, aber soo schlimm bist du nicht ...!" Damit widerlegt man eine eingerostete Erwartung, spielt ein neues Spiel, gibt sich auch wirklich zu erkennen, zeigt – indirekt – seine Gefühle. Und darauf warten wir Frauen so sehnsüchtig und belohnen es – hoffentlich – sofort und reichlich!

Der passive Mann

Früher, in den romantischen Zeiten, galt die Frau als die Passive, die verfügbar war, aber auch hilflos. Der Mann brachte ihr das Leben nahe und nach Hause, war ihr Zugang zur Welt. Die altmodisch passive Frau hatte jedoch auch etwas verführerisch-laszives, sie ließ sich umwerben, gestaltete ihre Wartehaltung und war somit kooperativ. Männer erträumten solche Frauen, die nicht ständig widersprachen, sondern ihre Entscheidungen freudig akzeptierten, ausführten und verinnerlichten.

„Wenn ein (richtiger) aktiver Mann auf eine (richtige) passive Frau traf, dann fühlten sich beide so, wie sie sein sollten, und waren folglich zufrieden. Immer aber schien ein solches Zusammenspiel suspekt, wenn es der (unweiblich-aktiven) Frau oblag, sich ihrer Welt zu bemächtigen, und dem (unmännlich-passiven) Mann, auf eine Frau zu warten, die so auftrat, wie ein Mann schon immer sein sollte," schreibt Angelika Tramitz 1997 im „Kursbuch Männer".

Der heutige passive Mann genießt nur geheim diesen Zustand, jenseits seiner verordneten Position des politisch Korrekten. Bis in die 50er Jahre wurden Männer gleichgesetzt mit Aktivität, ihre Passivität wurde verachtet, als weibisch, schlimmstenfalls als homoerotisch verspottet. So konnten Männer bis heute dieses Stigma nicht ablegen und sich genussvoll der Passivität hingeben, obwohl viele Frauen, denen man Jahrhunderte lang jegliche Aktivität abgesprochen hatte, sich manchmal geradezu auf diese stürzen. Nie Zeit für nichts scheint deswegen heute auch das Credo von beiden Geschlechtern zu sein. Oder: Eine neue Konkurrenzstrecke unter Frauen: Wer hat den volleren Terminkalender?

Der sich im Häuslichen passiv verhaltende Mann würde dies gegenüber männlichen Konkurrenten vehement abstreiten und sich dabei um Himmels willen nicht erwischen lassen. Doch Frauen gegenüber hat er immer noch das Gefühl, dass er diesen Zustand des „Ich will nur meine Ruhe haben" selbst definiert. Anders als früher gegenüber Frauen, die von ihm und seinen Aktivitäten und Entscheidungen abhängig waren, fühlt sich der heutige Mann keineswegs als der Macher und Gestalter. Als einziges Mittel fällt ihm ein, seinen Zustand zu leugnen, was immer bedeutet, dass weder er noch seine aktive Frau etwas daran zu ändern in der Lage sind. Auch nimmt er keineswegs damit eine verführerische Position ein, schon gar keine laszive, und pflegt damit nicht ein Positivum, sondern lediglich sein Abgeschottetsein von der Restfamilie. Mitten im Wohnzimmer sitzt er wie ein Zombie und ist weder gefühlsmäßig vorhanden, geschweige denn im Kontakt mit anderen.

Nur bei der Domina sucht er aktiv und bewusst, jedoch nur temporär, nach der wirklichen Passivität und genießt diese. Die normale, häusliche, darf er sich selbst nicht ein- oder seiner Frau zugestehen, also wird daraus ein permanentes, auch unproduktives Gerangel, Geziehe und Gezerre.

So bleibt er verhaftet zwischen seiner traditionellen Rolle als Macher, Aktivist und Gestalter seines und ihres Lebens und seiner Passivität, auch seiner Sehnsucht nach der aktiven Frau. Ein Stück dieses Weges zeigt die Werbung seit dem Ende der 8oer Jahre.

Denn Werbeleute sind nicht nur kreativ, sondern greifen auch rasch neue Tendenzen des gesellschaftlichen Lebens auf und finden für diese einprägsame Bilder, wie beispielsweise die Veränderung des „heroisch-virilen" Mannes: Der Cowboy aus dem Marlboro-Country, der durch wildes, unwirtliches Land streifte, mutierte zu einem neuen Wesen. „Der einstmals harte Cowboy lächelt, pflegt seine sozialen Kontakte, schreibt und liest oder empfängt Briefe. Vom Abenteurer ist er zum Betrachter und zum Reisenden geworden, und entsprechend hat sich die Landschaft verändert. Von den Werten der Selbstdarstellung, Arbeit, Härte und Unabhängigkeit geht der Weg zu Verletzlichkeit, Sensibilität, Emotionalität, sozialer Offenheit," beobachtet schon 1997 Uwe Bernhardt. Oder im Jahr 2003: Ein Dutzend Marlboro-Männer sitzen gemütlich, lachend, plaudernd in einer Scheune und es entspinnt sich ein sehr spielerischer, überhaupt nicht konkurrenzbetonter Wettstreit um die besten Lassokunststückchen mit großem Hallo, ohne Stress, Neid oder Wettkampf. Im besten Sinn ein „Play", ein freies, heiteres, vertieftes Spiel, kein „Match" mit dem Ziel des Sieges, des Endproduktes, des Ausstechens.

Oder: Ein Fohlen wird geboren. Die Cowboys als liebevolle, sehr männlich anrührende Väter, quasi mit Tränen der Erschütterung über dieses kleine Wunder in den Augen!

Der Mann als wirklich Not abwendender Beschützer, der sich mit dem eigenen Körper, dem eigenen Leben in den Kampf, die Konkurrenz, das Getümmel wirft, um die Frau zu beschützen. Heute: Wovor sollte der Mann eine Frau noch schützen? Höchstens vor einem Verkehrsrowdy, beim Absturz des Computers oder bei der Behebung eines Wasserschadens, denn alle Länder sind entdeckt, alle Berge bestiegen und der Campingurlaub der 50er Jahre mit dem VW-Käfer oder die Fahrt im Trabi mit Konservendosen und Zeltausrüstung an den Plattensee sind aus und vorbei. Keine Abenteuer, die nach Mut schreien, in Sicht!

Quasi in der Mitte zwischen der klassisch weiblichen Position mit Sinn für Soziales, Emotionalität und Schönheit und dem klassisch männlichen, harten Part steht der „Latin Lover", der seit den 80er Jahren die Werbung beherrscht. Oftmals nackt. In ständischen Gesellschaften wurden Status, Tätigkeit und Geschlecht eindeutig durch die Kleidung ausgedrückt. Heute ist von den hoch differenzierten Rollen nur noch der Geschlechtsunterschied geblieben. Deswegen so viel nackte Haut? Alle anderen Differenzen sind verwischt. Der „Latin Lover" ist ein Typus jenseits des harten Arbeiter- (und Zigaretten) Ideals, jenseits jeglicher Sachlichkeit, Effi-

zienz und protestantischem Arbeitsethos. Mit ihm zieht der
weichere, südeuropäische, lässige, sich faul gerierende,
zunehmend unbekleidete Held ein.

Männlich in seinem durchtrainierten, gestylten, jedoch auch ziellos gewordenen Körper, welchem er mittlerweile nahezu die gleiche Aufmerksamkeit in Sachen Schönheit und Pflege wie Frauen zukommen lässt, der jedoch nicht mehr zum Arbeiten „herhalten" muss, schon gar nicht zur harten, männlichen Körperarbeit, sondern der den Müßiggang pflegt. Und der nahe an den traditionell weiblichen Tugenden angesiedelt ist. Im Gegenzug haben die (oft homosexuellen) Modezaren in Paris die Frau auf Bohnenstangenmaß reduziert, alle Weiblichkeit zugunsten von Neutralität und Geschlechtslosigkeit weggezüchtet, zumal es ab einem kritischen Zustand des Ausgezehrtseins ja tatsächliche keine Menses mehr gibt, wie wir von der gefährlichen Magersucht wissen. Mit dem Verlust der Gebärfähigkeit wird die Frau vollends zum Neutrum, beziehungsweise symbolisiert diesen Zustand bereits jetzt.

Parallel dazu entdecken die Evolutionsbiologen die biologischen Determinanten für Männer und Frauen. Höchst entspannend zu wissen, dass wir nicht anders können als schon Millionen Jahre zuvor: Der Mann an sich findet einfach nie seine Socken, die vor ihm liegen (und natürlich auch nicht die anfallenden Arbeiten), weil sein Jägerblick immer noch dem Bären hinterher schweift oder – natürlich – der Blondine (und die symbolisiert mit dem gesunden Haar, dem gebärfreudigen Becken und dem prallen Busen die gute Mutter für die Kinder!). Unter diesen neu erkannten Prämissen braucht sich das Paar dann wirklich nicht zwölf Jahre über das Nicht-Heraustragen des vollen Mülleimers zu streiten. Er sieht ihn tatsächlich nicht, also muss die selbstverantwortliche Frau dafür sorgen, dass er darüber stolpert ...

Oder andersherum: Frauen diskutieren gerne zum neunundneunzigsten Mal Unabänderlichkeiten und tun sich schwer, die Realität zu akzeptieren: Und Fakten sowieso.

Beispiel neunzehn

Eine junge Frau unterstützt die ehrgeizigen politischen Pläne ihres Mannes. Einerseits. Andererseits beklagt sie sich Jahre darüber, wie selten er abends zu Hause ist. Ja, was denn nun? Politik wird meist abends gemacht. Auf die Feststellung ihrer besten Freundin, sie hätte sich ja auch einen Grundschullehrer nehmen können, der nachmittags zu Hause ist, wird sie wütend, aber weist jede Selbstverantwortung weit von sich. – Oder die Pastorenfrau, die sich beklagt, dass ihr Mann ständig am Sonntag oder an den Feiertagen arbeiten muss und darauf besteht, über Weihnachten in den Skiurlaub zu fahren, so dass ihr Mann lediglich für den Gottesdienst am Heiligen Abend in seiner eigenen holsteinischen Gemeinde extra wieder zurückfährt: 1000 Kilometer! Hat sie nicht gewusst, dass Gottesdienste just an christlichen Sonn- und Feiertagen abgehalten werden? Ein Realitätsverlust, der pathologisch zu nennen ist!

Die Negierung der Unterschiede zwischen den Geschlechtern, von uns Feministinnen verzweifelt gewünscht, dementsprechend auch herbeigeredet und statistisch heraufbeschworen, war anscheinend kontraproduktiv. Auch wenn einige Frauen es so weit trieben, unbedingt über das Bundesverfassungsgericht endlich Zugang zur Bundeswehr zu bekommen, denn auch diesbezüglich wollten sie gleich sein: Bei dem zweifelhaften Privileg, in den Krieg ziehen zu dürfen und irgendwann auch zu müssen.

Natürlich stellt sich seit längerem folgende Frauen-Frage: „Wo soll sie ihren genuinen Charme wirken lassen? Hinterm Computer, wenn gerade mal nicht der Drucker streikt? Wie kann sie die kluge Herrin ihrer Familie sein, wenn sie selbst mit dem Einzelkind und dem dritten Mann um acht Uhr früh das Haus verlässt? Wie soll sie die Waffen ihres Esprits, der Eleganz, der Zartheit einsetzen, wenn es im Verkehrsstau vor und hinter ihr hupt?" (Hans Pleschinski)

Also, Gleichmacherei hat wenig Erfreuliches, sondern eher eine graue Suppe von Angleichung ohne Charme, Esprit und gegenseitiger Solidarität gebracht! Darum: Es leben die Unterschiede!

Aber es gibt Hoffnungen auch auf der weiblichen Seite: Die flunschigen Frauen sind eine aussterbende Spezies; klagen, nörgeln, lamentieren, kränkeln sind zunehmend out. Der innovativste Frauentyp sind die modernen Amazonen, so die Trendforscher. Sie benutzen neue Arbeitsformen, um Berufs-, Privat- und Sozialleben in Einklang zu bringen, auch sind sie offen für andere und für das Leid der Welt, jenseits des Familienegoismus, der ja auf Dauer auch extrem langweilig wird! Die Amazonen sehen über ihren familiären- und über den Freundinnentellerrand hinaus und nehmen das Leben mit Humor. Und Humor schließt, Göttin sei Dank, eine kritische Selbstreflexion und genügend Abstand zur eigenen Person unabdingbar mit ein.

Bei den Männern gibt es laut der Männerstudie „Moderne Helden" aus dem Jahr 2002 angeblich vier zu beobachtende Neuheiten: Der „leise Weise" ist für Beständigkeit und Treue verantwortlich, der „galante Gönner" ein technikbegeisterter Gentleman, kontaktfreudig und gesellig, der „Egophile" ist eher der oberflächliche Typ, körperbewusst und eitel, ohne Tiefgang, während der „Optionist" in jedem Beruf hundertprozentig zu Hause ist und sich engagiert und intensiv auch als Partner und besonders als Vater verhält.

Doch fragt man sich, ob diese Beschreibungen, die wie einem Werbekonzept entlehnt klingen, nicht genauso schnell verpuffen wie sie erschienen sind. Hohle Phrasen jenseits von Akademiker- und Jugendarbeitslosigkeit, bei der sich viele junge Männer fragen, ob sie je überhaupt eine Familie gründen können. Und sollen, sofern ihre geschiedenen Väter sie nicht vor den noch bestehenden Scheidungs- und Sorgerechtsregelungen warnen und ihnen eine Heirat ausreden. Oder die selbst Zerrissene zwischen Mutter und Vater gewesen sind, schwer gezeichnet von diesen Dramen in ihrer Kindheit und mit dem (klugen) Schutzmechanismus ausgestattet, dass sie keine Kinder wollen, um nicht ihr Herz an sie zu verlieren, weil sie ihnen aller Voraussicht nach doch von Frauen und Gerichten weggenommen werden könnten! Für Männer: eine harte, verstörerische Realität bereits heute! Hinzu kommen gerade die jungen Akademikerinnen, die zu zwei Drittel bis zu ihrem 35. Lebensjahr keine Kinder haben (je höher die Ausbildung, desto eher kinderlos). Und sich dann wundern, dass es manchmal nicht mehr klappt! Die Umstände sind problematisch, natürlich, wenn man es nicht als Lebens- und Entwicklungs-Chance sieht, einen Beruf plus Kind haben zu können beziehungsweise einen Mann mit höherem Einkommen heiratet und damit einverstanden ist, dass er – wegen des Geldes – arbeiten geht! Denn dieses Fazit ist mit Sicherheit mehr als eine Fantasie: Die Entscheidung für Kinder wird für viele Menschen am Ende ihres Lebens positiver, gehaltvoller und erfüllender gewesen sein als die letzte oder vorletzte Stufe einer irgendwie gearteten Karriereleiter erklommen zu haben! Diese Chance nicht ergriffen zu haben, wird manche mehr schmerzen als alles andere!

Vier Erkenntnisse und einige Forderungen

1. **Männer** mussten, wie zu allen Zeiten, auch im 20. Jahrhundert ihre Köpfe für den Staat, für politische Zwecke hinhalten, und zwar in den Schlachten des Ersten und Zweiten Weltkriegs. Ohne eigene Entscheidungsgewalt, stumm, ausgeliefert, verzweifelt harrten sie aus, wurden millionenfach verwundet und getötet oder kamen in Gefangenschaft.

Heute passiert den Söhnen und Enkelsöhnen dieser Soldaten im „Geschlechterkampf" und im „Rosenkrieg" etwas Ähnliches, erneut leiden sie stumm, ausgeliefert und verzweifelt. Es gibt offensichtlich eine Wiederholung in den Generationen, unbewusst geschieht eine Wiederkehr des Verdrängten: Wie ihre Großväter und Väter finden sie keinerlei produktive Möglichkeiten sich zu wehren, leiden nicht selten an nahezu selbstzerstörerischer Passivität beziehungsweise werden zur Passivität verdammt.

2. **Zu viele Kinder wachsen ohne Vater auf,** ohne positive männliche Identifikationsfigur. Denn es gibt eine Gruppe von Menschen, die eine andere Gruppe als sozial, emotional und charakterlich nicht für würdig hält, mit den eigenen Kindern umzugehen.

Wir erinnern uns noch an die 50er Jahre, als Männer entschieden, ob ihre Frauen außer Haus arbeiten durften, und als Frauen für zu dumm und zu verantwortungslos gehalten wurden, um einen öffentlichen Bus zu chauffieren.

Heute wird normalen Vätern nach der Scheidung tausendfach das Recht verwehrt, ihre Kinder gleichberechtigt aufzuziehen oder sogar nur zu sehen. Die Auswirkungen auf die Kinder sind verheerend. Viele Untersuchungen weisen darauf hin, dass gerade bei den Neofaschisten und Skinheads viele vaterverlassene Jungen zu finden sind. Sie suchen das Männliche, doch weil keine positiven Vorbilder zu haben sind, driften sie in die extreme Ecke ab. Und was passiert mit den kleinen Mädchen ohne präsenten Vater? Da sie den liebevollen Blick ihrer Väter so dringend brauchen, ihn aber zu selten bekommen, bleibt ihnen nur der Spiegel übrig, in dem sie sich ständig drehen und wenden, immer mit der Frage: Bin ich hübsch, bin ich liebenswert genug? Es entsteht die nicht zu stillende Sehnsucht nach dem männlichen Blick. Doch auch der aufmerksamste Liebhaber, die größte Attraktivität können diese tiefe Kindersehnsucht nach dem Blick des Vaters nicht stillen! Also werden Frauen zickig, doktern an ihrem Äußeren herum und stellen die Ehemänner oder Partner als Versager hin, obwohl es keineswegs deren Schuld ist, dass Frauen so selten emotional satt werden.

3. **Schweigen erzeugt Schweigen** und damit auch Verschweigen. Ein Teufelskreislauf.

Erinnern wir uns daran, wie wir Frauen damals versuchten, die Sprachlosigkeit zu überwinden, weil sie uns schwach gemacht hat. Mühsam haben wir in kleinen Schritten gelernt, uns öffentlich und privat zu Gehör zu bringen, denn Schweigen hieß Bedeutungs- und Einflusslosigkeit. Und wenn es heute die Männer sind, die schweigen und dulden, ist es eigentlich kein Wunder, dass viele Frauen sie so behandeln, als seien sie nicht ernst zu nehmen. Was die Männer wiederum mit Schweigen beantworten.

Wenn ich als Therapeutin genauer nachfrage, zeigt sich auch hier, dass das Schweigen in der Familie oft Tradition hat. Nicht selten kommt dabei ein anderes Verschweigen zutage: Da wurden eine Volks- oder Religionszugehörigkeit oder Verstrickungen im Faschismus verschwiegen, da wurden Verschleppte oder Verhaftete niemals wieder erwähnt, da wurden Tote aus den seltsamsten Gründen totgeschwiegen. Und in sehr vielen Fällen: Kamen die Männer invalide und psychisch zerbrochen aus dem Krieg zurück, wurden sie keineswegs als Helden, sondern als Versager empfangen. Auch über diese Scham haben sie nie gesprochen.

4. **Der Narzissmus scheint zu siegen** und wird durch die exhibitionistischen Medien, unsere Fit-und-Fun- und Schönheitsoperationen-Gesellschaft ständig reproduziert und gepuscht. Narzissmus ist eine pathologische Fehlentwicklung aufgrund von mangelndem Urvertrauen, mangelhafter Bindung, fehlender Geborgenheit und mangelnder Reifung des Selbst durch Verwöhnung, Konsum- und Medienverwahrlosung oder auch schwerwiegende Brüche im Familiengefüge. Narzisstisch gestörte Menschen leiden an Selbstüberschätzung und dem ständigen Wunsch nach Bewunderung und Begehrtwerden und – als Ersatz – permanenter Selbstbespiegelung. Sie zeigen Größen- und Omnipotenzfantasien bei gleichzeitigen Minderwertigkeits- und Opfergefühlen, enormen Ehrgeiz, viel Neid und eine extreme Anspruchshaltung. Ihr Gefühlsleben ist häufig gekennzeichnet durch eine ausgeprägte Leere, weil das Ich hohl ist und sie niemals mit sich selbst, selten auch allein zurechtkommen oder so gut wie nie zufrieden sind. Daraus resultiert ein ausgeprägter Reizhunger nach Aktionen und der ewigen Frage: Bin ich schön? Sie teilen Entwertungen, ihren Ärger und ihre Wut oft rücksichtslos, emotional überschäumend oder brutal aus, aber können nicht die geringste Kritik oder Abgrenzung durch andere annehmen, so dass ihr Zustand sich ständig verschlechtert. Da helfen nur Therapien, die jedoch besonders narzisstische Menschen schlecht annehmen können, da sie sich ja dort in Frage stellen, sie Angst haben, ihr Gesicht zu verlieren und durchschaut zu werden. Das meiden sie wie der Teufel das Weihwasser. Nur die anderen sollen sich gefälligst ändern.

Als Eltern sind Narzissten höchst problematisch, da sie ihre Kinder als Eigentum betrachten. Doch hat ein Baby Bauchweh, lässt es sich nicht beruhigen, erfahren Narzissten dies als persönliche Beleidigung und „schlagen um sich", da sie die absolute Kontrolle haben möchten. Diese Eltern können noch nicht einmal dem Wutanfall eines Dreijährigen pädagogisch sinnvoll standhalten und angemessen neutral und unaufgeregt reagieren!

Einige Forderungen

Wir Frauen müssen begreifen, dass wir nicht mehr das schwache Geschlecht sind. Wir sollten auch nicht unsere Werte zum Maß aller Dinge machen. Auch müssen wir noch etliche Aspekte unserer Geschichte aufarbeiten. Leider besonders die negativen. Erst wenige Frauen haben begonnen, unsere Täteranteile im Alltag zu reflektieren, die weiblichen Aspekte am Faschismus zu durchleuchten, unsere spezielle Art der Aggression aufzudecken. Bisher war es noch leicht und ziemlich angenehm, den Männern alles Böse der Welt in die Schuhe zu schieben und uns als Hüterinnen des Wahren, Guten, Schönen zu empfinden.

Nur ein Beispiel: Tabuisiert wird ganz konkret die Wut der Jugendlichen auf ihre Mütter, die ihnen den Kontakt zum Vater versagen oder ihn mit ihrer Dominanz so geschwächt haben, dass er verstummt ist! Doch diese Wut kann nur schwer ausgedrückt werden (es wäre zu gefährlich, die Verlustangst ist zu riesig), wenn die Mutter das einzige Elternteil ist, sich nicht selten als Freundin – besonders ihrer Töchter – inszeniert und dadurch den Emanzipationsprozess unmöglich macht.

Ein Ausblick: Liebe als „Lernmodell für Menschlichkeit"

Was tut Not? In unseren Breitengraden – jenseits der entsetzlich patriarchalen Strukturen in den meisten Ländern dieser Erde – sollten wir uns vorrangig um drei Kernthemen kümmern: eine **neue Definition von positiver Männlichkeit,** von guter, **kreativer Väterlichkeit,** eine neue Diskussion um **Frauen- und Männerrollen!**

Aber natürlich geht es auch um eine **Aufarbeitung** und **massive Veränderungen auf Seiten der Männer** bei Themen wie männliche Gewalt, Pornografie und zunehmende Päderastie, von Machtstreben und Zerstörungswut sowie das Infragestellen von aggressiven, männlichen (Medien-) Vorbildern. Ganz zu schweigen von dem unglaublichen Skandal des „Gendercide": Wo ist der männliche Aufschrei gegen das massenhafte Töten weiblicher Föten und Säuglinge? Weltweit werden 200 Millionen gar nicht erst geboren, abgetrieben oder früh getötet. Ein Fünftel aller Frauen erfährt brutale Gewalt durch Vergewaltigungen, bis zu zwei Millionen Kinder unter 15 Jahren werden jährlich in die mörderische Sexindustrie gezwungen und 130 Millionen Mädchen an den Geschlechtsteilen (von ihren Müttern für die späteren Ehemänner) verstümmelt („Süddeutsche Zeitung" 21.11.2005)! Was sagen dazu emanzipierte Männer ihren Geschlechtsgenossen? Davon hören wir wenig! Wie versuchen sie, diese Ungeheuerlichkeiten zu verändern?

Natürlich hat diese grauenhafte Gewalt gegen Kinder und Frauen auch wieder Folgen für die Männer: Bereits im Jahr 2020 werden voraussichtlich weltweit zwölf bis fünfzehn Prozent der jungen Männer keine Frauen finden. Mit welchen Konsequenzen? Was tun junge Männer, die weder in der Arbeitswelt eine Chance haben, noch die Aussicht, jemals eine Familie gründen zu können? Sie werden sich zusammentun (wie im Mittelalter die Raubritter und Kreuzzügler) und den jeweiligen Gurus, Sektenführern und anderen vermeintlichen Heilsbringern hinterher ziehen, um ihre Energie, die so leicht in Aggression umschlagen kann, zu kanalisieren und auszutoben! Wie soll eine Zivilisation dem standhalten?

Auch Horst Petri möchte nach der jahrtausendelangen Unterdrückung der Frauen und dem Ausschlagen des Pendels in Richtung Männerabwehr zu einer „Geschlechterdemokratie" kommen. In welcher, als erster Schritt, beide Partner ihre jeweilige Ohnmacht anerkennen. Denn es ist eine uralte Erfahrung, dass wir jeweils nur unsere eigene Ohnmacht und Opferrolle spüren, aber nicht die der anderen wahrnehmen. Was zu einer unheilvollen, nie endenden Beschuldigungs- und Wutspirale führt.

Für Frauen ist es wichtig, ihre Ohnmacht als Mütter, die zwischen Kind, Arbeit und Haushalt Selbstzweifel als Demütigung erfahren, wahrzunehmen, und bei sich selbst erst einmal zu würdigen – was jedoch einen Unterschied zum Klagen ausmacht. Und die Ohnmacht der Männer sollten diese selbst und ebenfalls die Frauen anerkennen. Die Ohnmacht des Vaters, der sich „gesellschaftlich einem anonymen Machtapparat männlich geprägter Herrschaftsansprüche ausgeliefert fühlt, gegen die jeder Widerstand zwecklos ist, so teilchenhaft, wie er sich erlebt nicht nur in seiner gesellschaftlichen Entfremdung, sondern im gleichen Maße aus dem Verlust an Autorität, Kompetenz und Zuständigkeit in der Familie bezüglich seiner ursprünglichen Funktionen als Beschützer und Ernährer."

All dies impliziert: **Raus aus der Vorwurfshaltung und -spirale**, als hätte jeder Mann alle männliche Macht der Welt in den eigenen Händen und sei nicht selbst nur ein kleinstes Teilchen des Rades, ausgeliefert, ohnmächtig wie wir alle! Es wäre ein tiefes Zeichen der Solidarität, **sich gegenseitig die Ohnmachtsgefühle zu bestätigen:** Um sich verstanden zu fühlen, um die Masken des Groß- und Starkseins ablegen zu können – ohne in die Gefahr zu geraten, deswegen entwertet zu werden. Es wäre ein Aufatmen möglich im Lebenskampf für beide Geschlechter, weil allein ein **tiefes Sich-gesehen-Fühlen in der eigenen Not** Liebe und Ent-Spannung möglich machen würde. Zumal ein Mehr an wechselseitigem Verstehen schon viele Lebenswunden heilen könnte!

Wie in jeder guten Therapie ist es notwendig, erst einmal den Status quo anzusehen, auszuhalten, die eigenen Anteile zu reflektieren und die des anderen ebenfalls zu würdigen. Niemand von uns ist völlig selbstbestimmt, sondern von tausenden Faktoren abhängig – auch die Männer, die so sind, wie sie sind! Das würde auch beinhalten: **Raus aus dem Egoismus und dem Familienghetto zugunsten von politischer Kreativität und dem Mut, neue Wege zu gehen.** Raus aus dem deutschen Nörgeln und Lamentieren zugunsten von neuen und spannenden Nachbarschaftskontakten, Babygruppen, kreativen Wohnformen für Jung und Alt, von Zukunftsgestaltung und nährenden Begegnungen jenseits der Einsamkeit und der verdummenden, traurig- und krankmachenden Medienisolation!

Unsere Generation hatte sich die Beschwörung „Make love not war" auf die Fahnen geschrieben, denn Liebe sei eine gesellschaftliche Kraft und unterliege dem öffentlichen Diskurs, selbst wenn sie im Privaten so häufig kläglich versagt … Der Hamburger Paartherapeut Michael Cöllen schreibt dieses Credo innerhalb seiner **Theorie zur Paarsynthese** fort: „Liebe ist zwar nach landläufiger Meinung eine Himmelsmacht, dennoch unleugbar auch ein äußerst komplexer Lern- und Reifungsprozess, der durch Kindererziehung, Stabilisierung der Persönlichkeit und des gesamten Lebensraums noch erweitert wird. So wird die Liebe zum Lernmodell für Menschlichkeit." Denn Liebe und Intimität seien weltumspannende Kräfte, die „in ihrer Vielfalt sonst gegensätzliche Pole zusammen führen. Sie zeigen den Weg zur Versöhnung zwischen Frau und Mann, zwischen Mensch und Natur, zwischen Völkern und Kulturen – sofern wir lernen, ihren psychologischen Gesetzen zu folgen."

Da bei allen Umfragen meist 80 bis 95 Prozent aller Interviewten angeben, dass eine erfüllte Partnerschaft ihr höchstes Lebensziel sei, ist es nur folgerichtig, dass Cöllen annimmt:

1. **Das Paar und nicht der Mensch bildet die Grundform jeder humanen Existenz**: Identität wird in der Intimität, Individuation durch Bindung gewonnen, Menschwerdung vollzieht sich in Partnerschaft.
2. **Liebe als eigene Seinsform ist ganzheitlich** und verwirklicht sich durch Intimität, die menschliche Existenz, Sinnfindung, Lust und Austausch umfasst.
3. **Liebe und Intimität** sind notwendig privates und öffentliches Gut, unerlässlich zur **Heilung** von Mensch und Gesellschaft.

Um es noch einmal zu betonen: Cöllen spricht von „Heilung" durch Liebe und Intimität, nicht nur für das Individuum, sondern für die Gesellschaft! Die Bindungstheorie von John Bowlby hat es uns vielfältig bewiesen, dass es keine gesunde Entwicklung des Kindes ohne Bindung, Kontakt, Intimität gibt. Und dass gelingende Mutter-Kind-Beziehungen das Primat, die Basiskomponente jeder Paarbeziehung sowie unserer Gesellschaft sind. Ohne gelingende Bindungen würde jede Gesellschaft zerfallen!

Gehen wir doch ehrlich und liebevoll mit unseren Sehnsüchten um, verstecken sie nicht hinter den vielfältigen Fassaden von Oberflächenpolierung, von Banalitäten, von seichtestem (Medien-)Konsum, von Ex-und-hopp-Beziehungen, von sexueller Leere und all den Spielarten der Süchte. Jeder einzelne wünscht es sich doch: die Geborgenheit, den Schutz, die Nähe, Verlässlichkeit und Nachhaltigkeit in Beziehungen. Und dabei sind Liebesbeziehungen zwischen zwei gleichwertigen Partnern noch immer die erhofftesten. Denn das brauchen wir in einer gleichgültigen Welt, in einer emotional und existenziell bedrohlichen Umwelt, auf unserem Weg zu einem würdigen Sterben: Dass zwei Menschen sich gegenseitig bemuttern und bevatern, sich gegenseitig tragen und verwöhnen, geben, nehmen und angenommen werden, um nicht in der Einsamkeit einer weiten Welt zu versinken! Schließlich: „Wir haben so viel, um einander zu lieben. Wir haben solche Möglichkeiten; wir könnten die Welt verändern", wie es Eleonore von Aquitanien im 12. Jahrhundert bereits formulierte.

Die berühmte amerikanische Feministin Naomi Wolf schreibt: „Die Frauen haben auf dem Weg zu Mehrheit und Macht eine entscheidende Etappe zurückgelegt. Jetzt gilt es, entschlossen und unbeirrt für eine Welt zu kämpfen, in der niemand aufgrund seines Geschlechts benachteiligt wird. Aber wir müssen uns den Männern gegenüber fair verhalten und dürfen nicht vergessen, dass auch Frauen ungerecht sein können. Wir müssen geistig offen bleiben und moralisch integer." („Psychologie heute", 1994) Welch ein griffiges, wunderbares Motto: **Geistig offen und moralisch integer!**

Es geht um eine **neue Emanzipationsbewegung.** Die der Frauen ist zwar noch lange nicht beendet und hat, wie jede heftige Bewegung, heftige Unruhen verursacht. Jetzt sind die Männer dran sich zu befreien, um eine neue Mitte für sich selbst zu finden: jenseits vom Macho, aber auch jenseits vom großen Dulder. Die Emanzipation der Frau war und ist eine Chance für die Menschen, für weibliche und männliche und für Kinder sowieso. Die Emanzipation der Männer wird ebenfalls eine Chance sein – für uns alle. Ein mühsamer, aber auch lustvoller Weg, den wir nur gemeinsam beschreiten können. Wir, Männer und Frauen miteinander. So wie es schon Simone de Beauvoir forderte: **Die Utopie einer „Geschwisterlichkeit" der Geschlechter.** Das Ziel sei, dass „Mann und Frau jenseits ihrer natürlichen Differenzierungen rückhaltlos geschwisterlich zueinander finden." **Mitmenschlichkeit als Geschwisterlichkeit!** Und diesen Weg sollten wir in Liebe gemeinsam gehen!

Literatur

Aigner, Josef Christian: Der ferne Vater, Gießen 2001

Aebischer-Crettol, Ebo: Aus zwei Booten wird ein Floß. Suizid und Todessehnsucht: Erklärungsmodelle, Begleitung und Prävention, Zürich 2000

Badinter, Elisabeth: XY. Die Identität des Mannes, München 1993

Barker, Pat: Niemandsland, München 1999

de Beauvoir, Simone: Das andere Geschlecht. Sitte und Sexus der Frau, Reinbek 1968

Belotti, Elena Gianini: Was geschieht mit kleinen Mädchen? Über die zwangsweise Herausbildung der weiblichen Rolle in den ersten Lebensjahren durch die Gesellschaft, München 1975

Bergmann, Wolfgang: Abschied vom Gewissen. Die Seele in der digitalen Welt, Asendorf, 1999

Bernhardt, Uwe: Das Lächeln des Cowboys, in: Kursbuch „Männer", Berlin 1997

Bierach, Barbara: Das dämliche Geschlecht. Warum es kaum Frauen im Management gibt, Weinheim 2002

Bly, Robert: die kindliche Gesellschaft. Über die Weigerung, erwachsen zu werden. München 1997

Böhme, Irene: Wozu Väter?, in: Kursbuch „Die Väter", Berlin 2000

Chamberlain, Sigrid: Adolf Hitler, die deutsche Mutter und ihr erstes Kind. Über zwei NS-Erziehungsbücher, Gießen 1997

Cöllen, Michael: Paartherapie und Paarsynthese. Lernmodell Liebe, Wien 1997

Cöllen, Michael und Jung, Mathias: Liebe in Zeiten der
    Unverbindlichkeit. Eros und Ethos, Stuttgart 2002
Demski, Eva: Liebeserklärung, in: Kursbuch „Die Väter", Ber-
    lin 2000
Faludi, Susan: Väter und Söhne in den USA, in: Kursbuch
    „Die Väter", Berlin 2000
Farrell, Warren: Mythos Männermacht, Frankfurt/M. 1995
von Friesen, Astrid: Von Aggression bis Zärtlichkeit. Das
    Erziehungslexikon, München 2003
dies.: Der lange Abschied. Psychische Spätfolgen für die
    2. Generation deutscher Vertriebener, Gießen 2000
dies.: „Was ist bloß mit den Eltern los?" in: Denkfalle Zeit-
    geist. Eine Ermutigung zu Maß und Mitte in 40 Essays,
    hrsg. von Bernhard C. Wintzek, Asendorf 2004
Gerhardt, Marlis: Wohin geht Nora? Auf der Suche nach der
    verlorenen Frau, in: Kursbuch „Frauen", Berlin 1977
Gerspach, Manfred: Hyperaktivität aus der Sicht der Psycho-
    logischen Pädagogik, in: Michael Passolt: Hyperaktivität
    zwischen Psychoanalyse, Neurobiologie und System-
    theorie, München 2001
Gruner, Paul-Hermann: Frauen und Kinder zuerst. Denk-
    blockade Feminismus. Eine Streitschrift, Reinbek 2000
Haffner, Sebastian: Geschichte eines Deutschen. Die Erinne-
    rungen 1914–1933, Stuttgart/München 2000
Irving, John: Bis ich dich finde, Zürich 2006
Jäckel, Karin: Der gebrauchte Mann. Abgeliebt und abge-
    zockt – Väter nach der Trennung, München 1997
Jong, Erica: Angst vorm Fliegen, Berlin 1990
Kast, Verena: Abschied von der Opferrolle. Das eigene
    Leben leben, Freiburg/Breisgau 1998

Kricheldorf, Beate: Verantwortung: Nein danke! Weibliche Opferhaltung als Strategie und Taktik, Frankfurt 1998

Liessmann, Konrad Paul: Geld, Gott und das Gesetz. Das Verschwinden des Vater-Imago, in: Kursbuch „Die Väter", Berlin 2000

März, Ursula: Wir alten Kinder, in: Kursbuch „Unsere Mütter", Berlin 1998

Maron, Monika: Der Mann als Mensch, in: Kursbuch „Männer", Berlin 1997

Moeller-Gambaroff, Marina: Emanzipation macht Angst, in: Kursbuch „Frauen", Berlin 1977

Olivier, Christiane: Das innere Monster zähmen, Freiburg/Breisgau 2000

dies.: Die Söhne des Orest. Ein Plädoyer für Väter, München 1997

Palmen, Connie: Ganz der Ihre, Zürich 2004

Petri, Horst: Das Drama der Vaterentbehrung. Chaos der Gefühle – Kräfte der Heilung, Freiburg/Breisgau 1999

Pleschinski, Hans: Hier lebt der Mann, in: Kursbuch „Männer", Berlin 1997

Rohnstock, Katrin: Stiefschwestern. Was Ost-Frauen und West-Frauen voneinander denken, Frankfurt 1994

Schenk, Herrad: Wieviel Mutter braucht der Mensch? Der Mythos von der guten Mutter, Köln 1996

Rubin, Harriet: Machiavelli für Frauen. Strategie und Taktik im Kampf der Geschlechter, Frankfurt 2000

Schrobsdorff, Angelika: Der Geliebte, München 2001

Schwanitz, Dietrich: Männer. Eine Spezies wird besichtigt, Frankfurt/M. 2001

Schwarzer, Alice: Der „kleine Unterschied" und seine großen Folgen. Frauen über sich. Beginn einer Befreiung, Frankfurt/Main 1975

Stephan, Cora: Das Schweigen der Männer, in: Kursbuch „Die Väter", Berlin 2000

Tiger, Lionel: Auslaufmodell Mann, Wien 2000

Tramitz, Angelika: Der passive Mann, in: Kursbuch „Männer", Berlin 1997

Stephan Peeck

Woher kommt die Kraft zur Veränderung?

Neue Wege zur Persönlichkeitsentwicklung

312 Seiten
ISBN 3-8319-0222-4

Sich und ihr Leben verändern, das wollen viele Menschen. Doch woher bekommen wir die Kraft dazu, es auch wirklich zu tun? Konkret und lebensnah entfaltet der Autor Methoden, mit denen sich die wichtigsten inneren Kraftquellen erschließen lassen. Der erfahrene Therapeut leitet dazu an, verborgene Motivationskräfte neu zu entdecken. Praxiserprobte Hilfen, sich selbst wertzuschätzen und zu behaupten, werden genauso anschaulich dargestellt wie Wege zu einem gelingenden Miteinander und einem sinnerfüllten Leben.

Sven Brodmerkel

Faktor A: Authentisch Karriere machen

Erfolgsstrategien für alle, die mehr als nur einen Job wollen

200 Seiten
ISBN 3-8319-0263-1

Die Arbeitswelt ändert sich radikal. Althergebrachte Karrieremuster und Hierarchien machen Platz für Kreativität und Flexibilität. Der Autor zeigt wissenschaftlich fundiert und humorvoll zugleich, warum in Zukunft authentische Karrieren gefragt sind. Kommen Sie mit dem Faktor-A-Übungsprogramm Ihrer persönlichen Authentizität auf die Spur und gestalten Sie Ihren eigenen Karriereweg. Dabei helfen die 20 wichtigsten Regeln für den Karrierekünstler. Ein Muss für alle, die mehr wollen als nur einen Job!

Oskar Holzberg

Wer die Liebe sucht ...

Orientierungshilfen für Paare

Stefanie Stahl, Melanie Alt

So bin ich eben!

Erkenne dich selbst und andere

240 Seiten mit 10 Abb.

ISBN 3-8319-0246-1

272 Seiten

ISBN 3-8319-0200-3

Es gibt kein Rezept für die Liebe. Aber wir können lernen, sie zu verstehen. Dabei hilft dieses Buch des BRIGITTE-Autors Oskar Holzberg. Der erfahrene Paartherapeut schildert anhand von Alltagssituationen, welche unterschiedlichen Phasen wir in unserer Liebesbeziehung durchleben und wie wir die damit verbundenen Krisen rechtzeitig erkennen und so meistern können. Das Besondere an diesem Buch ist, dass es Einsichten und Leitlinien, an denen sich ein Paar orientieren kann, eingängig und verständlich darstellt. Ergebnisse wissenschaftlicher Forschung und Erfahrungen aus der Praxis der Paarberatung werden lebensnah vermittelt.

Sich und andere zu verstehen ist so schwer und doch so einfach. Wer hätte sie nicht gern, eine „Gebrauchsanweisung" für sich selbst und für seine Mitmenschen? Amüsant und fundiert stellen die Autorinnen die Typenlehre nach C. G. Jung und Myers/Briggs vor. Ein Buch mit vielen Aha-Erlebnissen: Plötzlich sieht man typisch menschliche Verhaltensweisen in einem ganz neuen Licht. Verbunden werden diese Einsichten mit konkreten Ratschlägen, wie man mit sich selbst und seinen Mitmenschen am besten zurechtkommt. Mit Persönlichkeitstest!

Christa Pauls, Uwe Sanneck,
Anja Wiese
Rituale in der Trauer

144 Seiten mit 42 Abb.
ISBN 3-8319-0110-4

Rituale sind als Begleiter in der Trauer
von unschätzbarem Wert. Die Autoren
stellen ihre Arbeit mit Trauernden in
einem von ihnen entwickelten ganz-
heitlichen Ansatz vor und geben Ein-
blick in die in ihrer Form einzigartige
Auseinandersetzung mit trauernden
Menschen. Trauernden und Personen,
die Trauernde begleiten, bietet das
Buch wertvolle Hilfe und vielfältige
Anregung.

Sigrid Baschek
Herta Betzendahl
Wo sind meine Schuhe?
Was ist ein Traume und wie bewältigt
man es?

168 Seiten
ISBN 3-8319-0229-1

In ihrem bewegenden biographischen
Bericht schildert Sigrid Baschek eindrucksvoll die Bewältigung ihres
schweren Kriegstraumas. Sie lässt den
Leser an der direkten Traumaarbeit
teilhaben. Ihm wird kein distanzierter
Bericht gegeben, sondern er kann den
Prozess der Aufarbeitung unmittelbar
miterleben. In einem theoretischen
Teil stellt die Psychiaterin und Psycho-
therapeutin Herta Betzendahl dar, was
ein Trauma ist und wie Betroffene und
Angehörige damit umgehen können.
Ein wichtiges Buch für die erst jetzt
einsetzende Diskussion.

Uwe Böschemeyer
Das Leben meint mich

400 Seiten mit 13 Abb.
ISBN 3-8319-0016-7

Dieses Jahrbuch ist eine starke Her-
ausforderung, das Leben zu bejahen.
Es ist mit Herz und Verstand in einer
einfachen und emotionalen Sprache
geschrieben. Das Buch basiert auf vielen Erfahrungen im Umgang mit Menschen. Die Inhalte umspannen die
ganze Weite des Lebens. Der Autor
bleibt jedoch nicht in Betrachtungen
stehen, sondern beschreibt so konkret
wie möglich, welche Wege zu Sinn
und Glück möglich sind. „Das Leben
meint mich" ist eine Fundgrube der
Menschenkenntnis und ein Kompass
für die Orientierung im Leben.

Uwe Böschemeyer
Magda Van Cappellen
Bei sich beginnen
17 Wege zum Glück

176 Seiten
ISBN 3-8319-0141-4

Wahrscheinlich verbindet Menschen
nichts mehr als die Sehnsucht nach
diesem Gefühl: Glück, sagt Uwe
Böschemeyer, ist das Erleben eines
Menschen, die Situation, in der er
sich befindet, voll bejahen zu können
und nirgendwo anders sein zu wollen.
Die möglichen Wege zu dieser Einstel-
lung beschreibt er anschaulich und
konkret. Anhand eines Fallbeispiels
schildert Magda Van Cappellen in
berührender Weise die therapeutische
Begleitung einer jungen Frau, die
unglücklich kam und glücklich ging.

Impressum

Bibliographische Information der Deutschen Bibliothek
Die Deutsche Bibliothek verzeichnet diese Publikation
in der Deutschen Nationalbibliographie;
detaillierte bibliographische Daten sind im Internet über
<http://dnb.ddb.de> abrufbar.

ISBN 3-8319-0256-9
ISBN-13 978-3-8319-0256-9

Text: Astrid v. Friesen, Freiberg/Sachsen
Gestaltung: Büro Brückner + Partner, Bremen
Gesamtherstellung: Offizin Andersen Nexö Leipzig GmbH,
Zwenkau